저널리즘과 저작권
Copyright in Journalism

국립중앙도서관 출판시도서목록(CIP)

저널리즘과 저작권 = Copyright in Journalism / 김기태 지음. --
서울 : 이채, 2011
p. ; cm -- (뉴스통신진흥총서 ; 06)

참고문헌과 색인수록
뉴스통신진흥자금으로 저술·출간됨
ISBN 978-89-88621-88-2 93010 : ₩15000

저널리즘[journalism]
저작권[著作權]

011.2-KDC5
346.0482-DDC21   CIP2011000968

저널리즘과 저작권

초판 1쇄 인쇄 / 2011년 3월 9일
초판 1쇄 발행 / 2011년 3월 14일

지은이 / 김기태
펴낸이 / 한혜경
펴낸곳 / 도서출판 異彩(이채)
주소 / 135-100 서울특별시 강남구 청담동 68-19 리버뷰 오피스텔 1110호
출판등록 / 1997년 5월 12일 제 16-1465호
전화 / 02)511-1891, 512-1891
팩스 / 02)511-1244
e-mail / yiche7@dreamwiz.com
ⓒ 김기태 2011

이 책은 뉴스통신진흥자금으로 저술·출간되었습니다.

ISBN 978-89-88621-88-2 93010

※값은 뒤표지에 있으며, 잘못된 책은 바꿔드립니다.

저널리즘과 저작권
Copyright in Journalism

김기태(金基泰) 지음

이채

서문_거인의 어깨 위에 사는 난쟁이를 생각하며

언제 어디서든지 '저작권'에 대해 생각할 때마다 떠오르는 "거인의 어깨 위에 선 난쟁이(Dwarfs standing on the shoulders of giants)"라는 말이 있습니다. 근대 이론과학의 선구자로 유명한 '아이작 뉴튼(Isaac Newton)'이 "내가 이 세상을 멀리 볼 수 있는 것은 거인의 어깨 위에 올라서 있기 때문이다(If I have seen further, it is by standing on the shoulders of Giants.)"라고 했다는 데서 유래한 것으로 알려져 있는 말이지요.

하지만 이 말은 원래 중세 프랑스의 스콜라 철학자 '샤르트르의 베르나르(Bernard de Chartres)'가 지인에게 보낸 편지의 다음과 같은 표현에서 먼저 등장합니다.

> "우리는 거인의 어깨 위에 선 난쟁이다. 따라서 그들보다 더 많이 그리고 더 먼 곳에 있는 것까지 볼 수 있지만, 이는 우리의 시야가 더 예리하거나 신체적으로 뛰어나기 때문이 아니라 거인들이 그들의 키만큼 우리를 높이 올려 주었기 때문이다."

이러한 신념을 바탕으로 베르나르는 고전(古典)을 높이 평가하고, 우리가 옛 사람보다 더 멀리 볼 수 있는 것은 고전 위에 서 있기 때문이라고 가르쳤다고 합니다. 곧 앞서 창작 행위를 한 선배 저작자들이 난쟁이에 불과한 후배들을 거인보다 더 멀리 볼 수 있는 존재로 향상시켜 준 것이라는 진리를 사람들은 12세기에 이미 깨닫고 있었던 셈이지요. '저작권'은 바로 이러한 '거인'들에 대한 최소한의 예의를 갖추자는 의미에서 출발합니다.

　오늘날 예술가들의 창작활동은 물론 학문 연구자들의 연구활동에 있어서도 그것의 윤리적인 책임과 더불어 주요한 개념으로 자리 잡은 '저작권' 문제는 이제 저널리즘 영역에서도 간과할 수 없는 이슈가 되고 있습니다. 특히 현장 취재를 통한 보도활동을 주된 임무로 삼고 있는 저널리스트들이 대중을 상대로 내놓는 결실로서의 기사, 칼럼, 사진 등을 둘러싼 저작권 분쟁이 점차 늘어나고 있는 상황에서 우리 언론계를 돌아보면 업무상저작물로서의 그것과 저널리스트 개인, 그리고 언론사와 이용자를 규율하는 저작권법 내지 저작권 보호의 기준에 대한 이해는 그다지 높지 않은 것으로 판단됩니다.

　이 같은 문제의식을 바탕으로 집필된 이 책은 언론 종사자들이 실무에서 쉽게 이해하고 적용할 수 있는 저작권 문제들을 명쾌하게 정리해 보고자 진행한 연구의 결과물입니다. 취재 과정에서 혹은 기사 작성 및 다른 저작물의 인용 과정에서 부닥치게 되는 저작권 문제를 비롯하여 언론사 내부에서 자체 저작물을 관리하는 방법에 이르기까지 저널리즘 영역에서 생길 수 있는 다양한 저작권 관련 이슈들을 빠짐없이 다룸으로써 언론 현장에서 저널리즘의 이상(理想)을 실현하고자 애쓰는 저널리스트들에게 실질적인 도움을 주기 위해 기획한 연구이기도 합니다.

　하지만 이 책은 뉴스통신진흥회의 저술지원사업 프로그램이 없었다면 출간되는 게 불가능했을지도 모릅니다. 여러 가지 면에서 부족한 연구계획서임에도 때마침 저술 출간을 지원해 주신 뉴스통신진흥회 덕분에 1년여에 걸친 숙성 기간을 통해 좀 더 다듬어질 수 있었음을 감사하게 생각합니다.

또, 세명대학교 저널리즘스쿨 대학원의 교수와 학생들이 대안언론을 표방하며 2010년 6월에 창간한 인터넷신문 〈단비뉴스〉에서 창간호부터 매주 "김기태의 저작권 특강"을 연재한 것도 큰 도움이 되었습니다. 오늘도 학생기자단을 이끌고 동분서주와 고군분투를 마다하지 않는 이봉수·권문혁·제정임 교수님과 기자 여러분, 그리고 성원을 보내주시는 독자 여러분께 고마움을 전합니다. 아울러 이번에도 흔쾌히 출간을 맡아 준 도서출판 이채 한혜경 대표와 편집자 여러분의 노고에도 고개를 숙입니다.

아무쪼록 이 책을 통해 저널리즘 영역에서의 저작권 문제가 조금이나마 원만해지기를 기대합니다. 저널리스트와 취재원들 그리고 그 밖의 저작자들이 소통하는 데 적은 힘이나마 이바지할 수 있기를 바랍니다. 훗날 진정한 거인으로 기억될 저널리스트 여러분의 건필을 기원합니다.

2011년 2월

세명대학교 인문학관 연구실에서
김기태

제4장 쟁점 판례 분석

제5장 결론 및 전망

이론적 배경

제 1 장

1. 저널리즘과 저작권 이론

1) 저널리즘의 정의

저널리즘(journalism)이란 사전적 의미로 "활자나 전파를 매체로 하는 보도(報道)나 그 밖의 전달 활동, 또는 그 사업"(두산백과사전 EnCyber)을 가리킨다. 또한, 오늘날 널리 사용되고 있는 '저널리즘'이라는 말은 대개 '언론'이란 말과 이음동의어(異音同義語)로 인식되고 있는 것으로 보인다. 일반적으로는 "정기적인 출판물[1] 및 공중송신물[2](정기간행물)을 통해 시사적인 정보와 의견을 대중에게 전달하는 활동, 즉 신문과 잡지에 의한 온라인·오프라인 활동"을 가리키며, 보다 넓은 뜻으로는 비정기적인 것을 포함하여 이루어지는 모든 대중전달 활동을 말하기도 한다.

저널리즘의 어원이 라틴어에서 "나날의 간행물"을 뜻하는 'diurna'에서 유래되었다는 점, 저널리즘이라는 말이 만들어지고 대중적으로 널리 쓰이게 된 것이 신문과 잡지가 대중매체로서 확고한 위치를 독점하고 있던 19세기 중반 무렵이었다는 점에서 '저널리즘'과 '언론'이라는 말의 유사성은 충분히 감지된다. 다만, 언론과 비슷한 뜻으로 여겨지는 '매스 커뮤니케이션'이 메시지의 대중전달 과정 전체를 가리키는 종합적인 개념이라면, '저널리즘'은 그 일부분 또는 하위 개념으로서 주로 매스커뮤니케이션의 미디어(매체) 활동 측면을 가

---

1) 여기서는 저작권법 제57조(출판권) 규정에 따라 "저작물을 인쇄 그 밖에 이와 유사한 방법으로 문서 또는 도화로 발행"하는 것, 즉 인쇄물을 뜻한다.

2) 저작권법 제2조(정의) 7호에 따르면 '공중송신'은 "저작물, 실연·음반·방송 또는 데이터베이스를 공중이 수신하거나 접근하게 할 목적으로 무선 또는 유선통신의 방법에 의해 송신하거나 이용에 제공하는 것"을 말한다.

리킨다는 점에서 차이가 있는 것으로 보인다.

여기서는 '저널리즘'을 "모든 시사적인 정보와 의견을 대중에게 전달하는 활동으로서 정치·경제·사회·문화·종교에 관해 '신문 등의 진흥에 관한 법률' 제2조의 규정에 의한 신문 및 인터넷신문, '방송법' 제2조의 규정에 의한 보도 또는 '뉴스통신진흥에 관한 법률' 제2조의 규정에 의한 뉴스통신, '잡지 등 정기간행물의 진흥에 관한 법률' 제2조의 규정에 의한 잡지 등을 통한 활동"으로 정의하고자 한다.

먼저 '신문 등의 진흥에 관한 법률'에서 규정하고 있는 '신문'이란, "정치·경제·사회·문화·산업·과학·종교·교육·체육 등 전체 분야 또는 특정 분야에 관한 보도·논평·여론 및 정보 등을 전파하기 위하여 같은 명칭으로 월 2회 이상 발행하는 간행물"로서 다음과 같은 것을 말한다.

> 가. 일반일간신문: 정치·경제·사회·문화 등에 관한 보도·논평 및 여론 등을 전파하기 위하여 매일 발행하는 간행물
>
> 나. 특수일간신문: 산업·과학·종교·교육 또는 체육 등 특정 분야(정치를 제외한다)에 국한된 사항의 보도·논평 및 여론 등을 전파하기 위하여 매일 발행하는 간행물
>
> 다. 일반주간신문: 정치·경제·사회·문화 등에 관한 보도·논평 및 여론 등을 전파하기 위하여 매주 1회 발행하는 간행물(주 2회 또는 월 2회 이상 발행하는 것을 포함한다)
>
> 라. 특수주간신문: 산업·과학·종교·교육 또는 체육 등 특정 분야(정치를 제외한다)에 국한된 사항의 보도·논평 및 여론 등을 전파하기 위하여 매주 1회 발행하는 간행물(주 2회 또는 월 2회 이상 발행하는 것을 포함한다)

또, '인터넷신문'이란, "컴퓨터 등 정보처리능력을 가진 장치와 통신망을 이용하여 정치·경제·사회·문화 등에 관한 보도·논평 및 여론·정보 등을 전파하기 위하여 간행하는 전자간행물로서 독자적 기사 생산과 지속적인 발행 등 대통령령으로 정하는 기준을 충족하는 것"을 말한다. 여기서 "독자적 기사 생산과 지속적인 발행 등 대통령령으로 정하는 기준"이란 다음과 같은 기준을 말한다.

첫째, 독자적인 기사 생산을 위한 요건으로서 다음의 요건을 모두 충족해야 한다.

　　가. 취재 인력 2명 이상을 포함하여 취재 및 편집 인력 3명 이상을 상시적으로 고용할 것.

　　나. 주간 게재 기사 건수의 100분의 30 이상을 자체적으로 생산한 기사로 게재할 것.

둘째, 지속적인 발행요건으로서 주간 단위로 새로운 기사를 게재해야 한다.

셋째, 신문사업자, 잡지 또는 기타간행물을 발행하는 자, 그리고 뉴스통신사업을 영위하는 자의 계열회사가 신문사업자, 잡지 또는 기타간행물을 발행하는 자, 그리고 뉴스통신사업을 영위하는 자가 생산하는 기사를 인터넷을 통해 일반에 제공하는 경우에는 자체적으로 생산한 기사가 100분의 30 미만인 경우에도 위의 기준을 충족한 것으로 본다.

다음으로 방송법에 의한 '보도(報道)'란, "국내외 정치·경제·사회·문화 등의 전반에 관하여 시사적인 취재보도·논평·해설 등의 방송프로그램을 편성하는 것"을 말하며, '방송(放送)'이란 "방송프로그램을 기획·편성 또는 제작하여 이를 공중(개별계약에 의한 수신자를 포함)에게 전기통신설비에 의하여 송신하는 것"으로서 다음과 같은 것을 가리킨다.

가. 텔레비전방송 : 정지 또는 이동하는 사물의 순간적 영상과 이에 따르는 음성·음
   향 등으로 이루어진 방송프로그램을 송신하는 방송

나. 라디오방송 : 음성·음향 등으로 이루어진 방송프로그램을 송신하는 방송

다. 데이터방송 : 방송사업자의 채널을 이용하여 데이터(문자·숫자·도형·도표·이
   미지 그 밖의 정보체계를 말한다)를 위주로 하여 이에 따르는 영상·음성·음향 및
   이들의 조합으로 이루어진 방송프로그램을 송신하는 방송(인터넷 등 통신망을
   통하여 제공하거나 매개하는 경우를 제외한다. 이하 같다)

라. 이동멀티미디어방송 : 이동 중 수신을 주목적으로 다채널을 이용하여 텔레비전
   방송·라디오방송 및 데이터방송을 복합적으로 송신하는 방송

또, '뉴스통신진흥에 관한 법률' 제2조의 규정에 의한 뉴스통신이란, "전파
법에 의하여 무선국의 허가를 받거나 그 밖의 정보통신기술을 이용하여 외국의
뉴스통신사와 뉴스통신계약을 체결하고 국내외의 정치·경제·사회·문화·시
사 등에 관한 보도·논평 및 여론 등을 전파함을 목적으로 행하는 유선·무선을
포괄한 송신·수신 또는 이를 목적으로 발행하는 간행물"을 말한다.

그 밖에 '잡지 등 정기간행물의 진흥에 관한 법률'에서 말하는 '잡지(雜誌)'
란, "정치·경제·사회·문화·시사·산업·과학·종교·교육·체육 등 전체 분야
또는 특정 분야에 관한 보도·논평·여론 및 정보 등을 전파하기 위하여 동일한
제호로 월 1회 이하 정기적으로 발행하는 책자 형태의 간행물"을 말한다.

이러한 저널리즘이 현대사회에서 차지하는 비중은 거의 절대적이다. 오늘
날의 저널리즘을 장악하고 있는 각 미디어 기업은 방대한 자본과 설비를 소유
하고 있으며, 아울러 자본의 법칙을 철저하게 관철시키고 있다. 따라서 저널리
즘의 사회적 기능으로서의 정보 및 의견의 전달 또한 상품으로 취급하여 최대
다수의 최대 관심사를 추구하는 것이 보편적인 현상으로 자리 잡았다. 여기에

오락 기능이 추가됨으로써 영화·라디오·텔레비전 등 20세기에 새로 등장한 미디어는 애초에 저널리즘 본연의 목적보다는 오락 제공의 측면이 강하게 부각되었고, 최근에는 신문·잡지·출판마저 그 기능의 일부가 오락 일변도로 기우는 경향이 강하게 나타나고 있다.

보다 많은 대중을 획득하려는 저널리즘의 세속화는 '구독률' 또는 '시청률'로 표현되는 경쟁 구도로 내몰리고 있으며, 대중의 다양한 취미와 관심에 영합하다 보니 통속성을 노골적으로 드러내는 저널리즘의 부정적인 측면도 나타나고 있다. 이에 저널리스트들이 냉철한 지성과 이성을 회복함으로써 언론의 공익성과 책임성을 다하기 위해 힘써야 한다는 목소리가 높아지고 있다.

2) 저작권의 정의

'저작권(copyright)'이란 "인간의 사상이나 감정을 창작적으로 표현한 저작물을 보호하기 위해 그 저작자에게 부여한 권리"를 말한다. 곧 저작물의 창작자에게 자기 저작물의 이용에 관한 배타적인 권리를 부여하고, 그 저작물을 다른 사람이 이용할 때에는 저작권자의 허락을 필요로 하며, 그러한 허락을 얻지 않고 이용하는 행위를 위법으로 규정하는 것이 바로 저작권 보호의 원칙이다.[3] 저작권법에 따르면, 저작물을 창작한 저작자에게는 '저작인격권'과 '저작재산권'이 부여되며, 각각의 내용은 다음과 같이 정리할 수 있다.

먼저, 저작권법에서 말하는 저작물(著作物)이란 "인간의 사상 또는 감정을 표현한 창작물"을 가리킨다. 우리 대법원 판례[4]에 따르면 "저작권법상 '창작

---

3) 김기태(2010), 『글쓰기에서의 표절과 저작권』(서울: 지식의날개), p. 13.
4) 대법원 2000.10.24. 선고 99다10913 판결 등.

성'이란 완전한 의미의 독창성을 말하는 것은 아니며, 단지 어떠한 작품이 남의 것을 단순히 모방한 것이 아니고 각자 자신의 독자적인 사상 또는 감정의 표현을 담고 있음을 의미할 뿐이어서 이러한 요건을 충족하기 위해 단지 저작물에 그 저작자 나름대로의 정신적 노력의 소산으로서의 특성이 부여되어 있고 다른 저작자의 기존 작품과 구별할 수 있을 정도이면 충분하다"고 함으로써 창작성의 정도를 높게 요구하지 않는 입장을 보이고 있다.

또 다른 판례[5]에서도 저작권법에서 보호하는 저작물, 즉 창작물이란 "저작자 자신의 작품으로서 남의 것을 베낀 것이 아니라는 것과 수준이 높아야 할 필요는 없지만 저작권법에 의한 보호를 받을 가치가 있는 정도로 최소한도의 창작성이 있다는 것을 의미한다"고 한다. 특히 학술의 범위에 속하는 저작물의 경우 그 학술적인 내용은 만인에게 공통되는 것이고 누구에 대하여도 자유로운 이용이 허용되어야 하는 아이디어의 영역에 속하는 것으로서 그 저작권의 보호는 창작적인 표현형식에 있지 학술적인 내용에 있는 것은 아니라고 할 것이어서, 이러한 학술적인 내용은 그 이론을 이용하더라도 구체적인 표현까지 베끼지 않는 한 저작권 침해로 볼 수 없다고 한다.

저작자(著作者)란 곧 "저작물을 창작한 사람", "사실상의 저작행위를 함으로써 저작물을 창작해 낸 사람"을 가리킨다. 그러므로 숨겨져 있던 다른 사람의 저작물을 발견했거나 발굴해 낸 사람, 저작물의 작성을 의뢰한 사람, 저작에 관한 아이디어나 조언을 한 사람, 저작을 하는 동안 옆에서 도와주었거나 자료를 제공한 사람 등은 저작자가 될 수 없다. 그리고 저작물의 내용이나 수준은 문제가 되지 않으므로 직업적인 문인이나 학자, 또는 예술가가 아니라도 저작행위만 있으면 누구든지 저작자가 될 수 있다. 따라서 법률상 무능력자로 취급되는

---

5) 서울중앙지방법원 제4형사부 2005.12.13. 선고 2005노3375 판결.

〈표 1〉 저작물 분류표

분 류	종 류	복제물 형태	비고
어문저작물	시(현대시, 시조, 동시), 소설, 수필(에세이, 기행문, 서간문, 일기, 콩트), 교양물, 평론, 논문, 학습물(교과서, 참고서, 시험문제), 기사, 칼럼, 연설(강연, 설교, 설법), 희곡, 시나리오, 시놉시스, 트리트먼트, 각본, TV대본, 라디오대본, 가사, 사용설명서, 브로셔, 기획안 등	인쇄물, 책, 디스켓, CD 등	
음악저작물	대중가요, 순수음악, 국악, 동요, 가곡, 오페라, 관현악, 기악, 종교음악, 주제가 등	Tape, CD 등	작사―어문 작곡―음악 편곡―2차적 작사·작곡―음악
연극저작물	무용, 발레, 무언극, 뮤지컬, 오페라, 마당극, 인형극, 즉흥극, 창극 등	비디오테이프, CD, DVD 등	
미술저작물	회화(서양화, 동양화), 서예, 조소(조각, 소조), 판화, 모자이크, 공예, 응용미술(디자인, 삽화, 캐릭터, 도안, 그래픽), 만화, 로고, 포스트, 그림동화, 캐리커처, 십자수 도안 등	인쇄물, 사진, 디스켓, CD 등	
건축저작물	건축물, 건축설계도, 건축물 모형	설계도서, CD 등	
사진저작물	일반, 누드, 풍경, 인물, 광고 등	사진, CD 등	
영상저작물	극영화, 애니메이션, 방송프로그램, 기록필름, 광고, 게임영상, 뮤직비디오, 교육용 동영상 등	비디오테이프, CD, DVD 등	
도형저작물	(특수목적)지도, 도표, 설계도(건축설계도 제외), 모형, 지구의, 약도 등	인쇄물, 책, 디스켓, CD 등	
편집저작물	사전, 홈페이지, 문학전집, 시집, 신문, 잡지, 악보집, 논문집, 백과사전, 교육교재, 카탈로그, 단어집, 문제집, 설문지, 인명부, 전단, 데이터베이스 등	인쇄물, 책, 디스켓, CD 등	
2차적저작물	원저작물을 번역·편곡·변형·각색·영상제작 그 밖의 방법으로 작성한 창작물	위 복제물 중 해당 유형	

* 출처: 저작권법 시행규칙.

미성년자나 정신이상자라 할지라도 저작행위를 했다면 저작자가 된다. 또한 자연인으로서의 개인뿐만 아니라 단체 또는 법인도 저작자가 될 수 있다. 그리고 저작물에는 1차적저작물뿐만 아니라 2차적저작물과 편집저작물도 포함되어 있으므로 2차적저작물 또는 편집저작물의 작성자 또한 저작자가 된다.

그런데 하나의 저작물에 대해 저작자와 저작재산권자가 서로 다른 사람일 수 있다는 점에서 주의가 필요하다. 현행 저작권법의 규정에 따라 저작인격권은 저작자 일신에 전속되므로 별 문제가 없지만, 저작재산권은 저작자가 전체 또는 부분적인 권리를 제3자에게 양도할 수도 있으므로, 그럴 경우에는 일정 권리를 양도받은 사람이 저작재산권자가 되기 때문이다. 나아가 저작재산권은 "저작자의 생존하는 동안과 사망 후 50년간 존속한다"는 규정에 따라 상속이 될 수 있다는 점에서 저작자와 저작재산권자는 구별될 수밖에 없는 경우가 있다. 또, 저작물의 저작자는 1인에 한정되지 않으며 2인 이상의 사상이나 감정이 하나가 되어 구체화된 공동저작물의 경우에는 공동으로 창작한 사람 모두가 저작자가 된다. 저작권법에서는 이런 저작자의 특성과 관련하여 '저작자 등의 추정'[6]과 '업무상저작물의 저작자'[7]에 관한 규정을 별도로 두고 있다.

결국 저작자의 요건으로서는 절대적으로 저작행위가 요구되기 때문에 다음과 같은 사람은 저작자가 될 수 없다.[8]

---

6) 저작권법 제8조 (저작자 등의 추정)
  ① 다음 각호의 1에 해당하는 자는 저작자로 추정한다.
    1. 저작물의 원본이나 그 복제물에 저작자로서의 실명 또는 이명(예명·아호·약칭 등. 이하 같다)으로서 널리 알려진 것이 일반적인 방법으로 표시된 자
    2. 저작물을 공연 또는 공중송신하는 경우에 저작자로서의 실명 또는 저작자의 널리 알려진 이명으로서 표시된 자
  ② 제1항 각호의 1의 규정에 의한 저작자의 표시가 없는 저작물의 경우에는 발행자 또는 공연자로 표시된 자가 저작권을 가지는 것으로 추정한다.
7) 저작권법 제9조 (업무상저작물의 저작자) 법인 등의 명의로 공표되는 업무상저작물의 저작자는 계약 또는 근무규칙 등에 다른 정함이 없는 때에는 그 법인 등이 된다.
8) 저작권심의조정위원회(1988), 『저작권용어해설』(서울: 저작권심의조정위원회), pp. 240~241 참조.

첫째, 다른 사람에게 저작행위를 위촉하는 자. 위촉자가 수탁자에게 아이디어나 자료를 제공한 경우라 할지라도 위촉에 의한 저작물의 저작자는 수탁자가 된다. 다만, 대작(代作)의 경우에 대작자는 위촉자의 수족으로서 창작을 한 것으로 해석하는 것이 가능한 경우도 있어 위촉자가 저작자로서 통용되는 예가 많이 있다.

둘째, 다른 사람의 지시에 따라서 그 저작행위를 보조하는 자. 예컨대, 타인의 구술(口述), 즉 말하는 것을 그대로 받아 적는 자.

셋째, 감수자나 교열자. 다만, 창작과정에 대한 기여의 정도가 직접 저작행위를 한 사람보다 훨씬 큰 경우에는 저작자가 될 수 있으며, 또는 공동저작자가 될 수도 있다.

넷째, 민요 등의 채보자. 채보(採譜)란 아직 고정되지 않은 민요 등을 악보로 수록하는 행위를 말하며, 이 경우 채보자는 기존의 선율을 악보로 작성하는 사람에 불과하므로 저작자가 될 수 없다.

이러한 저작자에게 주어지는 '저작인격권' 이란 "저작자가 자신의 저작물에 대해 갖는 정신적·인격적 이익을 법률로써 보호받는 권리"라고 할 수 있으며, 저작권법에서는 이를 세분하여 공표권, 성명표시권, 동일성유지권의 세 가지로 나누어 규정하고 있다. 아울러 인격권은 곧 정신적인 권리라는 점에서 '일신전속성' 이란 특성을 띤다. 남에게 양도하거나 상속시킬 수 없는 권리란 뜻이다.

끝으로, '저작재산권' 이란 저작자가 자신의 저작물에 대해 갖는 재산적인 권리를 뜻한다. 따라서 일반적인 물권(物權)과 마찬가지로 지배권이며, 양도와 상속의 대상일 뿐만 아니라, 채권적인 효력도 가지고 있다. 저작자 일신에 전속되는 인격권과는 사뭇 다른 특성을 가지고 있는 것이다. 또한 저작재산권은 저작자가 자신의 저작물에 대해서 갖는 배타적인 이용권이라고도 할 수 있다. 그러나 실제로는 자신이 직접 저작물을 이용하는 경우보다는 남에게 저작물을 이용하도록 허락하고 그 대가를 받는 경우가 대부분이다. 이러한 저작재산권을 세분하여 저작권법에서는 복제권, 공연권, 공중송신권, 전시권, 배포권, 대여권, 2차적저작물작성권 등 일곱 가지에 대해 규정하고 있다.

한편, 일반적인 소유권은 보호기간이 정해져 있지 않고 영구적인 것이 특징이지만, 저작재산권은 한 사회의 문화발전을 꾀하는 수단이어야 한다는 측면에서 법에 의해 그 보호기간이 한정된다. 이러한 저작재산권의 보호기간 기산(起算)의 기준은 크게 '저작자의 사망시'와 '저작물의 공표시'의 두 가지 방식이 있다. 저작권법에서 규정하고 있는 일반적인 저작재산권 보호기간의 원칙은 다음과 같다.

첫째, 자연인으로서의 저작자가 누구인지 명확한 경우

이때에는 그 저작자가 살아 있는 동안과 사망한 후 50년 동안 저작재산권이 존속한다. 예를 들어, 어떤 사람이 30세에 소설 한 편을 발표한 다음 70세에 사망하였다면 그 소설에 대한 저작재산권의 보호기간은 모두 90년이 되는 것이다. 물론 해당 저작물이 어떤 방법으로든지 저작자가 살아 있는 동안 공표되었을 때에 그렇다는 것이며, 미처 공표되지 않은 저작물이 저작재산권을 상속 또는 양도받은 사람에 의해 저작자 사망 후 40년이 지나고 50년이 되기 전에 공표되었다면, 그 저작물의 저작재산권은 공표된 때로부터 10년 동안만 존속함을 단서로 규정하고 있다. 왜냐 하면 저작물은 공표되어야만 널리 알려짐으로써 이용자들이 이용할 계기를 만들게 되고, 그러한 상태에서만이 저작재산권의 행사 또는 침해 우려가 생김으로써 보호할 가치가 있는 것이기 때문이다.

둘째, 공동저작물의 경우

공동저작물이란 "2인 이상이 공동으로 창작한 저작물로서 각자의 이바지한 부분을 분리하여 이용할 수 없는 것"을 말한다. 이러한 공동저작물의 경우에는 공동의 저작자 중 맨 마지막으로 사망한 저작자의 사망 후 50년간 존속한다.

그 밖에 무명(無名) 또는 이명(異名) 저작물, 업무상저작물, 영상저작물 등의 보호기간은 공표 후 50년이며, 창작한 때부터 50년 이내에 공표되지 않은 경우에는 창작한 때부터 50년간 존속한다.

결국, 저작권 보호가 법으로서 정착되는 과정에 영향을 미치는 제 요소에는 정책의 주체인 정부, 매체기술의 진전, 이해당사자로서의 권리자와 이용자, 그리고 국내 환경을 둘러싸고 있는 국제 저작권 환경이라는 네 가지 차원이 있다. 이들 제 요소가 저작권에 미치는 영향을 정리하면 〈그림 1〉과 같다. 정부는 주로 저작권법의 법제화 과정에서 주체적인 역할을 하면서 매체기술의 진전에 따라 야기되는 여러 가지 문제점을 이해당사자 집단의 견해와 국제 저작권 환경

〈그림 1〉 저작권의 법제화에 영향을 미치는 제 요소의 관계도

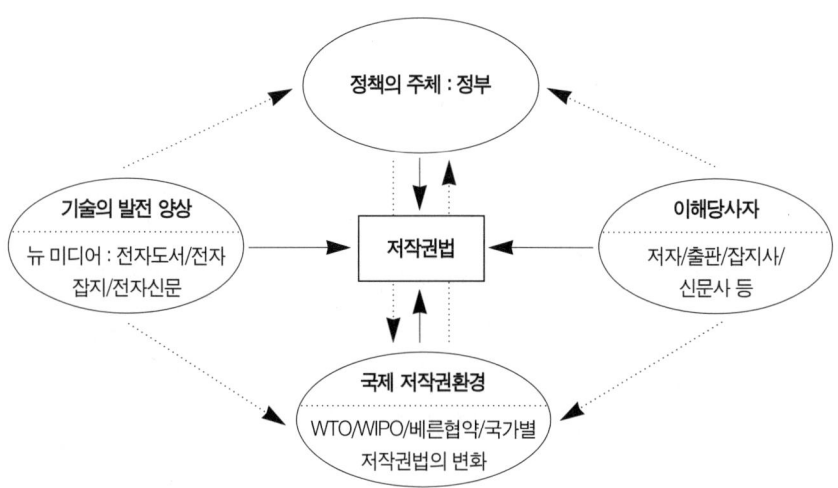

* 출처 : 김기태(2000), 「뉴 미디어의 기술진전과 저작권 보호에 관한 연구」, 경희대학교 대학원 박사학위 논문, p. 98.

의 변화를 통해 점검하고, 합리적인 대응에 필요한 법제화 노력에 나서게 된다.

이러한 법제화에 있어서 보다 유리한 입장이 반영되도록 하기 위해 이해당사자인 저작권자와 이용자들은 각각의 소속 단체를 중심으로 치열한 공방을 벌이게 되며, 보다 설득력 있는 논리를 개발, 법 제정 혹은 개정 공청회 등에 임하게 된다. 국제 저작권 환경의 변화는 사실 우리 입장의 반영이라기보다는 거의 일방적인 선진국의 합의에 따라 국제무역 규범이라는 질서 속에서 우리가 수용하고 국내 저작권법에 반영하는 식으로 진행되고 있는 것이 현실이다.

일찍이 1960년대부터 "재화 경제가 지식 경제로 옮아가고 있고, 지식이 현대 경제의 기초가 되었다"는 주장이 제기되었거니와, "전통적으로 서양에서나 동양에서나 지식은 항상 어떤 존재하는 사물에 대해 적용되는 것으로 생각했으나 어느 순간 지식 그 자체가 자원이며 효용이 되기에 이르렀다. 과거에는 지식은 언제나 사유재산이었다. 그런데 어느 한순간에 공공재산이 되어버린 것이다. 다시 말해 지식은 지금 빠른 속도로 자본이나 노동과 나란히 새로운 하나의 생산수단이 되고 있다."[9]

---

9) 피터 드러커, 이재규 역(1993), 『자본주의 이후의 사회』(서울: 한국경제신문사), pp. 45~46.

2. 언론의 자유와 저작권 보호

1) 언론의 자유가 필요한 이유

언론의 기능은 크게 보아 라스웰(Harold Lasswell, 1948)이 주장했던 환경감시기능, 상관조정기능과 아울러 라이트(Charles Wright, 1959)가 제시한 오락기능, 그리고 현대 사회와 관련이 깊은 광고기능 등으로 요약된다. 그러나 뉴스와 논평이라는 저널리즘의 기능으로만 한정한다면 저널리즘은 곧 민주주의를 위해서 존재한다고 말해도 무방하다.[10]

민주주의에 반대되는 정치체제인 군주제나 독재국가체제는 권력이 1인 내지는 소수 집단으로 집중되어 있다. 그들은 국가의 모든 권력을 장악하고 최고의 결정권한을 갖는다. 인류 역사는 바로 1인에게 집중된 권력을 국민이 이양받으려는 투쟁의 과정이었으며, 이것은 영국의 청교도혁명, 명예혁명, 프랑스의 시민혁명, 미국의 독립혁명 등으로 구체화되었다. 20세기에 들어서도 1인 독재로부터 국민의 지배권을 확보하려는 시민혁명은 계속되었다. 그 결과, 1970년대에는 스페인과 그리스 등 유럽의 민주화가, 1980년대에는 필리핀, 한국, 남미 등의 민주화가 결실을 보았다. 그리고 아프리카, 이슬람권, 동남아의 일부 국가, 그리고 중국과 북한 등 공산국가들이 지구상 최후의 민주화 대상이 되고 있다.

자유와 평등을 위한 인류의 계몽주의적 저항으로 완성된 현대 민주주의는

---

10) 이광재·이경자·한균태 외(2006), 『현대사회와 언론』(서울: 커뮤니케이션북스), pp. 91~97 참조.

주민자치, 대의 민주주의, 삼권분립을 근간으로 하고 있다. 1인 군주나 독재자에 집중되었던 국가권력은 행정부, 입법부, 사법부로 분리되었다. 이는 현대 민주주의는 권력이 어느 한 집단이나 개인에게 집중되어서는 안 된다는 삼권분립의 원리가 반영된 것이다. 그러나 아무리 법률적으로 이상적인 삼권분립을 규정했다고 해도 현실적으로 권력기관들이 상호 견제와 균형을 통해서 국민을 위한 정치를 펼 것이라는 보장은 없다. 그래서 저널리즘이 모든 권력기관을 감시해야 한다는 것이 바로 언론의 '제4부의 지위(the fourth estate)' 설인 것이다. 저널리즘이 입법부, 사법부, 행정부에 이어 '언론부'의 지위를 갖는다는 것은 헌법에 명시된 규정은 아니나, 현대 국가들은 헌법의 다른 조항에 명시함으로써 언론이 실질적으로 모든 국가권력기관을 감시하고 비판하는 기능을 수행하게 하고 있다.

이것이 바로 저널리즘이 갖는 헌법적 특권, 즉 언론 자유와 감시기능(watchdog)이다. 저널리즘이 제4부로서의 헌법적 특권을 보장 받게 한 모델의 원형은 미국의 헌법 제정 과정에 잘 나타나 있다. 원래 1789년 미국 헌법이 제정될 당시에는 언론의 자유를 보장하는 조항이 헌법에 따로 없었다. 그 이유는 아무리 민주주의에 중요하다고 해도 사기업에 불과한 언론에 '언론의 자유'라는 헌법적 특권을 부여할 수 있느냐는 의견, 그래도 현실적으로 언론만이 국민을 대신해서 권력기관을 감시하고 비판할 유일한 수단이라는 의견이 팽팽하게 대립했기 때문이었다고 한다. 결국 미국은 몇 가지 문제가 있음에도 언론에 국가권력기관 감시기능을 부여하기 위해 언론의 자유를 절대적인 것으로 헌법에 추가하기로 하고 이를 수정헌법 1조로 등재하였다. 수정헌법 1조는 "연방의회는 국교를 정하거나 또는 자유로운 신앙행위를 금지하는 법률을 제정할 수 없다. 또한 언론·출판의 자유나 국민이 평화로이 집회할 수 있는 권리 및 불만사항의 구제를 위하여 정부에게 청원할 수 있는 권리를 제한하는 법률을 제정할 수 없다(Congress shall make no law respecting an establishment of religion, or prohibiting the free exercise thereof; or abridging the freedom of speech, or of the press; or the right of the people peaceably to assemble, and to petition the government for a redress of grievances.)"고 규정함으로써 언론의 절대적인 자유의 모델로 지금까지 그 권한을 지니게 되었다.

한편, 이처럼 중요한 저널리즘과 민주주의의 관계는 이른바 '언론의 4이론'[11]으로 정리되곤 한다.

첫 번째는 권위주의이론으로, 개인은 불완전하고 비합리적이어서 국가가 개인을 통제해야 사회 전체가 질서와 안전을 보장받는다고 보는 입장이다. 이에 의해서 중세 이후 유럽의 절대군주와 독재자들은 언론을 허가제와 검열 등으로 통제하였다.

두 번째는 자유주의이론이다. 이는 대서사시 〈실낙원〉(失樂園; Paradise Lost)의 저자인 밀턴(John Milton)이 〈아레오파기티카〉(Areopagitica)[12]에서 제기한 '사상의 공개시장(the open market place of ideas)'과 '자율조정과정(self-righting process)'의 원리를 바탕으로 발전한 이론이다. 이를 바탕으로 언론의 절대적 자유와 권력감시기능, 그리고 국민의 '알권리'를 보장함으로써 여론에 의한 민주주의가 가능했던 것이다.

권위주의 언론이론의 변형인 세 번째 소련공산주의 이론은 마르크스 레닌주의라는 이데올로기 전파를 위하여 언론을 아예 국가의 한 부서로 조직화해서

---

11) 언론체제와 그에 대한 통제방식 등에 관한 이론으로 권위주의이론(authoritarian theory)·자유주의이론(libertarian theory)·공산주의이론(Soviet communist theory) 및 사회책임이론(social responsibility theory)으로 나뉜다. 미국의 언론학자 시버트(Fred S. Siebert)·피터슨(Theodore Peterson)·슈람(Wilbur Schramm)이 세계 여러 나라의 언론체제에 관한 이론들을 그 역사적 변천과정에 따라 분류해서 크게 4가지로 나누었다.

12) J. 밀턴이 검열로부터의 자유를 주장하여 의회에 항의하기 위해 1644년 11월 25일 출판한 팸플릿. 정식 제명은 "Areopagitica, a Speech of Mr. John Milton for the Liberty of Unlicensed Printing, to the Parliament of England"이다. '아레오파기티카'는 라틴어로 '대법관'이란 뜻이다.

집단적인 국민 설득의 수단으로 삼는 제도를 말한다. 이는 현대 사회에서 북한 등 극소수 국가만이 유지하고 있는 언론제도로 언론이 철저한 이데올로기의 전파 수단으로 전락한 유형을 말한다.

그런데 이처럼 절대적인 언론자유의 철학적 기반이 된 자유주의이론과 언론의 자유가 20세기에 들어오면서 문제점을 드러내기 시작했다. 자유주의의 부작용이 문제점으로 부각된 곳은 바로 미국이었는데, 미국 저널리즘은 절대적 언론자유를 기반으로 19세기에 대중신문인 페니 프레스 시대, 선정적 보도로 극심한 판매부수 경쟁을 벌였던 황색 언론(yellow journalism) 시대를 거쳐 20세기에 상업적으로는 대기업으로 성장했고 정치적으로는 막강한 권력자가 되었다. 언론자유의 남용과 횡포로 대표되는 언론자유의 부작용을 치유하기 위해, 당시 미국 타임지의 발행인 헨리 루스(Henry Robinson Luce)는 시카고대학 총장이었던 허친스(Robert Maynard Hutchins)를 위원장으로 하는 언론자유위원회, 일명 허친스 위원회를 발족시켰다. 이들의 활동 결과를 집약한 보고서가 이른바 "자유롭고 책임 있는 언론"이란 것이다.

허친스 위원회는 미국의 언론이 무엇으로부터 벗어나는 자유(freedom from)라는 소극적 자유를 획득한 이래 그 자유를 어디에 무엇을 위해서 사용할 것인가의 자유(freedom for)라는 적극적 자유의 이념을 살리지 못했다고 진단하였다. 이 위원회는 미국 언론들이 대부분 헌법이 보장한 언론의 특권을 상업적 이윤 추구와 정치적 영향력 확대라는 사적인 목적으로 사용하였다고 판단한 것이다. 그러나 허친스 위원회의 고민은 언론이 자유를 남용한다고 정부의 간섭이나 법률에 의해 그 자유를 통제할 수 있느냐는 것이었다. 사실 수정헌법 1조가 제정될 당시, 상업적으로 소규모 기업에 불과한 언론사에 헌법이 특권을 보장해 주지 않으면 거대한 정부와 의회에 맞서 감시기능을 수행할 수 없다는 견해가 지배적이었기 때문에, 미국 언론은 헌법적 특권을 부여받았다. 그 당시에는 미국 언론이 오늘날처럼 대기업으로 성장하여 막강한 상업적 토대와 정치적 영향력을 가지리라고는 아무도 상상하지 못했다는 것이다.

그래서 권력으로부터 자유롭기 위해서 언론의 자유를 계속 보장하되 그 언론의 자유를 언론이 사적인 이익이 아닌 국민의 알권리와 권력 감시기능이라는 공적인 이익에 사용하게 해야 한다는 것이 허친스 위원회의 최종 판단이었다. 이것이 바로 언론의 사회적 책임이론으로 구체화되었다.

저널리즘의 사회적 책임이론은 정부의 간섭이나 법률과 같은 타율규제가 아닌 언론인들 스스로 윤리강령과 보도 가이드라인이라는 자율규제 방법으로 언론자유가 공적인 목적에 봉사하도록 해야 한다는 것이 그 골자였다. 그밖에도, 허친스 위원회는 언론의 사명과 언론인의 자질을 공부한 사람들이 저널리스트가 되게 하기 위해 저널리즘 스쿨이 활성화되어야 하고 언론인들은 전문직업인 단체를 통해서 언론자유가 공익적 목적으로 사용되는 방법을 논의해야 한다고 제언하였다.

현재 선진국 언론들은 전문직업인 단체, 윤리강령, 보도 가이드라인, 저널리즘 스쿨(특히 미국), 혹은 언론인 육성기관(특히 유럽) 등으로 대표되는 자율규제 시스템에 의해서 언론활동을 수행하고 있다. 다시 말하면, 자유롭고 동시에 책임 있는 언론이 되어야 한다는 사회적 책임이론에 의해서, 선진국의 저널리즘과 민주주의와의 관계가 유지되고 있는 것이다. 특히, 자율규제를 바탕으로 언론의 자유를 수행하는 저널리즘을 전문직업인주의(professionalism)라고 부른다.

2) 저작권 보호가 필요한 이유

　만일 저작권을 보호하지 않는다면 누구든지 마음대로 남의 저작물을 이용할 수 있어서 매우 편리한 점도 많을 텐데 왜 복잡한 법까지 만들어서 보호하려는 것일까? 저작권법은 직접적인 저작권뿐만 아니라 이에 인접하는 권리, 즉 저작인접권도 보호한다. 이는 실연자·음반제작자·방송사업자 등과 같이 저작물의 창작에는 직접적으로 참여하지 않았으나 그 이용과 홍보에는 크게 공헌한 사람들을 배려한다는 뜻을 담고 있다. 아울러 저작권법이 단순히 저작권자나 저작인접권자의 이익만 보호하는 것이 아니며, 오히려 권리자와 이용자 사이의 관계를 합리적으로 규율해 주는 측면이 더 강하다는 점을 지나쳐서는 안 된다. 저작권 보호장치가 단순히 규제수단이라는 인식은 저작권의 개념 자체를 제대로 이해하지 못하는 것이나 다름없다.

　한편 인간의 지적 창조물이라고 할 수 있는 저작물은 여러 측면에서 다양한 특성을 갖고 있다. 먼저 창조과정과 이용과정에서 세 가지 두드러진 특성을 찾아볼 수 있다.[13]

　첫째, 누군가가 지적 창작을 함에 있어서는 대개의 경우 많은 시간과 노력, 그리고 비용이 든다는 점이다. 둘째, 창작자가 아닌 사람은 창작자보다 훨씬 적은 시간과 노력, 그리고 비용으로 그 창작물을 모방할 수 있다는 점이다. 셋째, 다른 사람의 그 창작물에 대한 이용이 적어도 물리적으로는 창작자의 이용과 부딪치지 않는다는 점이다.

　이 같은 특성 때문에 저작권 정책을 수립함에 있어 다음과 같은 두 가지 대립되는 입장을 상호 조율하지 않으면 안 된다. 첫째, 창작을 장려할 것인가 아

---

13) 오승종·이해완(1999), 『저작권법』(서울: 박영사), p. 9 참조.

니면 경쟁을 장려할 것인가? 둘째, 저작권을 포함한 지적소유권을 소유권으로 규정할 것인가 아니면 독점권으로 규정할 것인가?

이에 대해 창작을 장려해야 한다는 입장에서 보면 만일 창작자 이외의 사람이 창작자로부터 동의를 받거나 창작자에게 보상을 해 주지 않은 상태에서 마음대로 창작물을 모방해도 좋다면 그 누구에게서도 창작 의욕이 생겨날 수 없으며, 비록 창작이 되었다 하더라도 그것을 최초로 생산하거나 배포할 이유가 없어진다고 주장할 수 있다. 이런 점을 가리켜 이른바 '무임승차(free ride)' 효과라고 한다. 반대로 경쟁을 장려해야 한다고 보는 입장에서는 생산자들 사이의 자유경쟁을 통해 소비자가 이익을 얻을 수 있다고 주장한다. 즉, 경쟁을 통해서만 자원의 효율적인 배분과 가격 체감을 유도할 수 있으며, 저작권을 정당한 권리로서 보호하면 할수록 도서의 가격이 상승하는 것처럼 소비자 등 일반 공중의 이용권은 제한될 수밖에 없다는 주장인 셈이다.

이렇듯 창작물을 저작한 사람에게 저작권이라는 권리를 부여해서 굳이 보호하는 이유는 "저작물은 곧 문화발전의 원동력이 되므로 좋은 저작물이 많이 나와야 그 사회가 문화적으로 풍요로워질 수 있기 때문"이라고 할 수 있다. 그런데 만일 저작자에게 아무런 권리를 부여하지 않는다면 저작자가 장기간 노력해서 창작한 저작물을 누구든지 아무런 대가를 치르지 않고도 마음대로 이용하게 될 것이므로, 저작자로서는 창작행위를 계속하지 않을 것이 분명하고, 이는 곧 인류발전의 퇴보를 가져올 것임에 틀림없다. 저작권을 보호하는 이유는 그러므로 권리행사를 통해 창작을 위한 노력에 대한 적절한 보상을 보장함으로써 창작행위를 계속할 수 있는 동기를 제공하기 위함이라고 할 수 있다.

3) 저작물의 공공성과 저널리즘

저작재산권은 저작권자의 재산적 권리를 보호하기 위해 마련된 제도적 장치임에 틀림없지만 저작권법을 제정한 목적이 저작자의 권리와 이에 인접하는 권리를 보호하는 것은 물론, 저작물의 공정한 이용을 도모함으로써 문화의 향상발전에 이바지하는 데 있으므로 공공성 또한 무시할 수 없다.[14] 따라서 저작권법에서는 저작자의 개인적 이익과 사회의 공공적 이익을 조화시키기 위해 일정한 범위 안에서 저작재산권의 제한, 즉 저작물의 자유이용을 허용하고 있다. 그러므로 저작권법에서 규정하고 있는 저작재산권의 제한 사유에 해당되는 경우에는 법이 정하는 조건에 따라 저작재산권자의 허락 없이도 저작물을 자유롭게 이용할 수 있는데, 이를 외국에서는 '공정이용(fair use 또는 fair dealing)'이라고 한다.

우리 저작권법의 저작재산권의 제한 규정 중 언론 활동과 관련이 깊은 조항은 다음과 같다.

제24조(정치적 연설 등의 이용) 공개적으로 행한 정치적 연설 및 법정·국회 또는 지방의회에서 공개적으로 행한 진술은 어떠한 방법으로도 이용할 수 있다. 다만, 동일한 저작자의 연설이나 진술을 편집하여 이용하는 경우에는 그러하지 아니하다.

제26조(시사보도를 위한 이용) 방송·신문 그 밖의 방법에 의하여 시사보도를 하는 경우에 그 과정에서 보이거나 들리는 저작물은 보도를 위한 정당한 범위 안에서 복제·배포·공연 또는 공중송신할 수 있다.

제27조(시사적인 기사 및 논설의 복제 등) 정치·경제·사회·문화·종교에 관하여 「신문

---

14) 저작권법 제1조(목적) 이 법은 저작자의 권리와 이에 인접하는 권리를 보호하고 저작물의 공정한 이용을 도모함으로써 문화 및 관련 산업의 향상발전에 이바지함을 목적으로 한다.

등의 진흥에 관한 법률」 제2조의 규정에 따른 신문 및 인터넷신문 또는 「뉴스통신 진흥에 관한 법률」 제2조의 규정에 의한 뉴스통신에 게재된 시사적인 기사나 논설은 다른 언론기관이 복제·배포 또는 방송할 수 있다. 다만, 이용을 금지하는 표시가 있는 경우에는 그러하지 아니하다.

제28조(공표된 저작물의 인용) 공표된 저작물은 보도·비평·교육·연구 등을 위하여는 정당한 범위 안에서 공정한 관행에 합치되게 이를 인용할 수 있다.

3. 인격권과 재산권, 그리고 저널리즘

1) 저작인격권의 유형별 특성과 저널리즘

인격권은 정신적 권리이기에 그것을 경제적 또는 물질적으로 파악할 수는 없다. 그러므로 인격을 소유한 저작자로서의 당사자만이 권리의 침해에 대한 정도를 느낄 수 있고, 가해자의 침해 정도를 입증할 수 있을 때 그 범위 안에서 '위자료(慰藉料)'라고 하여 물질적인 배상을 청구할 수 있다. 아울러 저작인격권은 '일신전속성'이란 특성을 띠기 때문에 남에게 양도하거나 상속시킬 수 없는 권리이다. 따라서 저작인격권은 저작자 사망과 동시에 소멸되며, 이후에는 명예훼손 여부와 관련지어서 보호된다.

결국 저작자가 사망하여 저작인격권이 사라지고 없더라도 저작물을 이용하는 사람이 저작자의 명예를 훼손하는 방법으로 저작인격권을 침해했다면 저작재산권을 양도받은 사람 또는 상속자가 침해자를 상대로 이의를 제기할 수 있다. 다만, 저널리즘 활동의 결과물이 특정 언론사에 소속된 저널리스트에 의한 것인지, 아니면 외부 필자나 프리랜서 저널리스트에 의한 것인지에 따라 저작인격권의 주체가 달라지므로 주의할 필요가 있다.

(1) 공표권

저작자는 그의 저작물을 공표하거나 공표하지 아니할 것을 결정할 권리를 가진다.[15] 곧 공표권이란 "저작물을 대외적으로 공개하거나 하지 않을 수 있는 권리"로서, 저작물을 공표하는 방법은 물론 공개 여부에 대한 판단은 전적으로 저작자만이 행사할 수 있다는 취지를 담고 있다. 이처럼 공표권은 미공표 저작물에 대해서만 행사할 수 있으며, 이미 공표가 이루어진 저작물에 대해서는 중첩적으로 적용되지 않는다. 따라서 공표를 원하지 않는 저작자의 미공표 저작물을 언론사가 '통상적인 보도행위'라는 이유로 허락 없이 공표하게 되면 저작인격권으로서의 공표권 침해가 될 수 있다.

(2) 성명표시권

저작자는 저작물의 원본이나 그 복제물에 또는 저작물의 공표 매체에 그의 실명 또는 이명을 표시할 권리를 가진다.[16] 곧 성명표시권이란 "저작자가 그의 저작물을 이용함에 있어서 자신이 저작자임을 표시할 수 있는 권리"라고 할 수 있다. 저작자에게는 자신의 저작물의 원작품은 물론 그 복제물에, 그리고 그것을 공표함에 있어서 그의 성명(姓名)으로서의 실명(實名)이나 이명(異名) 중에서 마음에 드는 것을 선택해 표시할 수 있는 권리가 있다. 즉, 저작자로서의 자기를 실명으로 표시할 것인가, 아니면 남들이 잘 아는 예명(藝名)이나 아호(雅號) 또는 필명(筆名)으로 할 것인가, 심지어는 남들이 잘 알지 못하는 자기만의

---

15) 저작권법 제11조(공표권)

① 저작자는 그의 저작물을 공표하거나 공표하지 아니할 것을 결정할 권리를 가진다.

② 저작자가 공표되지 아니한 저작물의 저작재산권을 제45조에 따른 양도, 제46조에 따른 이용허락, 제57조에 따른 출판권의 설정 또는 제101조의6에 따른 프로그램배타적발행권의 설정을 한 경우에는 그 상대방에게 저작물의 공표를 동의한 것으로 추정한다.

③ 저작자가 공표되지 아니한 미술저작물·건축저작물 또는 사진저작물(이하 "미술저작물등"이라 한다)의 원본을 양도한 경우에는 그 상대방에게 저작물의 원본의 전시방식에 의한 공표를 동의한 것으로 추정한다.

④ 원저작자의 동의를 얻어 작성된 2차적저작물 또는 편집저작물이 공표된 경우에는 그 원저작물도 공표된 것으로 본다.

16) 저작권법 제12조(성명표시권)

① 저작자는 저작물의 원본이나 그 복제물에 또는 저작물의 공표 매체에 그의 실명 또는 이명을 표시할 권리를 가진다.

② 저작물을 이용하는 자는 그 저작자의 특별한 의사표시가 없는 때에는 저작자가 그의 실명 또는 이명을 표시한 바에 따라 이를 표시하여야 한다. 다만, 저작물의 성질이나 그 이용의 목적 및 형태 등에 비추어 부득이하다고 인정되는 경우에는 그러하지 아니하다.

독특한 이름으로 표시할 것인가 등을 결정할 권리가 저작자에게 있음을 뜻한다. 따라서 저널리스트들이 다른 사람의 저작물을 인용하는 경우, 또는 외부 필자의 원고를 받아서 게재하는 경우 해당 저작자의 성명을 정확하게 표시해야 하며, 이를 지키지 않는다면 당연히 성명표시권 침해가 된다.

(3) 동일성유지권

저작자는 그의 저작물의 내용·형식 및 제호의 동일성을 유지할 권리를 가진다.[17] 곧 동일성유지권이란 "저작자가 자신이 작성한 저작물이 어떠한 형태로 이용되더라도 처음에 작성한 대로 유지되도록 할 수 있는 권리"로서, 저작자의 의사에 관계없이 이용자로부터 저작물의 내용을 변경당하지 않을 권리라고 할 수 있다. 하지만 저작물의 본질적인 변경이라도 그것이 정당한 절차를 거쳐 번역 또는 편곡 및 개작 등이 이루어진 것이라면 동일성유지권의 침해가 아니다. 다만, 번역을 함에 있어서 필연적인 변경과는 상관없는 중대한 실수로서의 오역(誤譯) 따위는 동일성유지권의 침해 사유가 될 수 있다. 따라서 저널리즘의 속성상 외부 취재원의 견해나 외부 필자의 원고를 그대로 받아서 싣는 경우에 있어 '편집'이라는 관행을 내세워 담당기자가 원고의 제목이나 내용을 무단으

---

17) 저작권법 제13조(동일성유지권)

　① 저작자는 그의 저작물의 내용·형식 및 제호의 동일성을 유지할 권리를 가진다.

　② 저작자는 다음 각 호의 어느 하나에 해당하는 변경에 대하여는 이의(異議)할 수 없다. 다만, 본질적인 내용의 변경은 그러하지 아니하다.

　　1. 제25조의 규정에 따라 저작물을 이용하는 경우에 학교교육 목적상 부득이하다고 인정되는 범위 안에서의 표현의 변경

　　2. 건축물의 증축·개축 그 밖의 변형

　　3. 특정한 컴퓨터 외에는 이용할 수 없는 프로그램을 다른 컴퓨터에 이용할 수 있도록 하기 위하여 필요한 범위에서의 변경

　　4. 프로그램을 특정한 컴퓨터에 보다 효과적으로 이용할 수 있도록 하기 위하여 필요한 범위에서의 변경

　　5. 그 밖에 저작물의 성질이나 그 이용의 목적 및 형태 등에 비추어 부득이하다고 인정되는 범위 안에서의 변경

로 변경하는 것은 해당 필자 고유의 동일성유지권 침해가 될 수 있다.

2) 저작재산권의 유형별 특성과 저널리즘

저작재산권이란 저작자가 자신의 저작물에 대해 갖는 재산적인 권리를 뜻한다. 따라서 일반적인 물권(物權)과 마찬가지로 지배권이며, 저작자 일신에 전속되는 인격권과는 달리 양도와 상속의 대상일 뿐만 아니라, 채권적인 효력도 가지고 있다. 또한 저작재산권은 저작자가 자신의 저작물에 대해서 갖는 배타적인 이용권이라고도 할 수 있다. 그러나 실제로는 자신이 직접 저작물을 이용하는 경우보다는 남에게 저작물을 이용하도록 허락하고 그 대가를 받는 경우가 대부분이다. 저널리즘 활동의 결과물인 각종 기사 또한 저작물이 될 수 있으므로 그에 따르는 저작재산권이 발생하게 된다.

(1) 복제권

복제(複製)란 "인쇄·사진·복사·녹음·녹화 그 밖의 방법에 의하여 유형물에 고정하거나 유형물로 다시 제작하는 것을 말하며, 건축물의 경우에는 그 건축을 위한 모형 또는 설계도서에 따라 이를 시공하는 것을, 각본·악보 그 밖의 이와 유사한 저작물의 경우에는 그 저작물의 공연·방송 또는 실연을 녹음하거나 녹화하는 것을 포함"하는 개념이다. 곧 복제권은 "저작물을 여러 가지 방법에 의하여 전자적으로 고정하거나 유형물로 다시 제작할 수 있는 권리"라고 정의할 수 있다. 그러므로 복제권은 저작재산권 중에서 가장 기본적인 권리이며, 저작물 이용에 있어서도 가장 기본적인 형태라고 할 수 있다.

저널리스트들의 활동과 관련해서도 가장 많이 부닥치는 문제가 바로 다른 저작물의 '복제'이므로 자칫 잘못하면 저작권 중 '복제권' 침해를 유발할 수 있을 뿐만 아니라, '표절(剽竊)' 문제로도 비화될 수 있다.

(2) 공연권

공연(公演)이란 "저작물을 상연·연주·가창·구연·낭독·상영·재생 그 밖의 방법으로 공중에게 공개하는 것을 말하며, 동일인의 점유에 속하는 연결된 장소 안에서 이루어지는 송신을 포함하되 그 중 전송을 제외"하는 개념이다. 복제권이 저작물을 유형적인 형태로 이용하는 권리라면, 여기서의 공연권은 공중송신권과 함께 저작물의 무형적 이용에 관한 배타권이라고 할 수 있다. 저널리즘 영역과는 상대적으로 관련성이 적은 권리이기도 하다.

(3) 공중송신권

공중송신권(公衆送信權)은 2007년 전부개정법에서 신설된 것으로, 인터넷을 활용한 온라인상의 저작물 송신이 보편화되고, 또 이용자의 주문에 따라 이용자가 개별적으로 원하는 시간과 장소에 저작물을 전달하는 형태의 기술 진전을 등이 작용한 결과라고 할 수 있다. 기존의 방송(放送), 전송(傳送)의 개념을 포괄하면서 디지털 음성송신까지 합친 개념으로 확장된 것이다. 사실 그동안 개인 인터넷방송, 방송사의 방송물 동시 웹캐스팅 등 실시간 음악 웹캐스팅이 방송인지 전송인지 의견이 분분했던 점을 감안하여 이를 '디지털 음성송신'으로 규정하고 명확한 저작권 처리 기준을 마련함으로써 저작권을 보호하고 이용 활성화를 도모하게 된 것이다.

오늘날 온라인 신문이 인터넷을 통해 실시간 뉴스를 전달하고, 통신사들 또한 인터넷을 통해 다양한 뉴스를 제공하고 있는 현실에 비추어 볼 때 '공중송신'은 저널리즘의 디지털화와 맞물려 매우 밀접한 관련이 있으므로 각별히 주의할 필요가 있다. 특히, 언론사끼리 공중송신권을 침해하는 경우뿐만 아니라 이용자들의 개별적 인터넷 활동에 있어서도 언론사의 공중송신권을 침해할 우려가 매우 높다는 점에서 저널리즘과 공중송신권은 불가분의 관계에 놓여 있는 것으로 보인다.

(4) 전시권

전시(展示)란 예술작품 따위를 여러 사람에게 보일 목적으로 공개된 장소에 진열하는 것을 말한다. 따라서 전시권이 미치는 저작물에는 미술저작물뿐만 아니라 건축저작물과 사진저작물 등도 해당되며, 이러한 저작물의 저작자에게는 원본 또는 그 복제물을 전시할 권리가 주어진다. 그런데 미술저작물 등은 그것을 직접 창작한 저작자가 소유하고 있는 경우보다는 다른 사람이 일정의 대가를 지불하고 사들여서 소유하는 경우가 많다 보니 저작권자와 소유권자가 서로 다른 특수한 상황이 생긴다. 이런 점을 감안해서 저작권법 제11조 제3항[18]과 제35조 제1항[19]은 미술저작물 등의 원본을 소유한 사람은 그것을 취득함과 동시에 전시에 의한 방법으로 이용할 수 있도록 저작자로부터 동의를 받은 것으로 본다고 규정하고 있다. 다만, 개방된 장소에서 공중에게 항시 전시하는 경우에는 그 저작권자의 허락을 받아야만 한다. 결국 전시권 역시 저널리즘 영역과는 관련성이 낮은 권리라고 할 수 있다.

---

18) 저작권법 제11조(공표권) ③ 저작자가 공표되지 아니한 미술저작물·건축저작물 또는 사진저작물의 원본을 양도한 경우에는 그 상대방에게 저작물의 원본의 전시방식에 의한 공표를 동의한 것으로 추정한다.

19) 저작권법 제35조(미술저작물 등의 전시 또는 복제) ① 미술저작물 등의 원본의 소유자나 그의 동의를 얻은 자는 그 저작물을 원본에 의하여 전시할 수 있다. 다만, 가로·공원·건축물의 외벽 그 밖에 공중에게 개방된 장소에 항시 전시하는 경우에는 그러하지 아니하다.

(5) 배포권

배포(配布)란 "저작물 등의 원본 또는 그 복제물을 공중에게 대가를 받거나 받지 아니하고 양도 또는 대여하는 것"으로서, 저작물을 시장에 유통시키는 일반적인 방법이기도 하다. 따라서 그렇게 하려면 저작재산권으로서의 배포권을 가지고 있는 저작권자로부터 허락을 받아야만 한다. 저작권자의 입장에서는 복제권과 함께 배포권을 적절히 행사한다면 상당한 효과를 얻을 수 있다. 예를 들어, 다른 나라에 저작물 이용을 허락할 경우 먼저 복제권을 발휘하여 복제에 의한 이용을 허락함과 동시에 배포권을 행사하여 지역적 또는 시간적인 제한을 둘 수 있다. 즉, 저작물을 배포함에 있어서 지역적 범위를 한정하고 언제까지만 배포할 수 있다는 규정을 두게 되면 저작권의 관리는 물론 이익의 폭도 넓힐 수 있을 것이다.

한편, 이러한 배포권을 철저히 보호하게 되면 이용자들에게는 상당한 번거로움이 따를 수밖에 없다. 저작물 또는 그 복제물을 어떤 방법으로 이용하든지 그때마다 배포에 따른 허락을 별도로 받아야 하기 때문이다. 예를 들어, 어떤 저작물을 책으로 출판했을 때 그것이 독자의 소유가 되기까지는 복잡한 유통 과정을 거치게 되는데, 그때마다 배포에 따른 권리를 따져야 한다면 매우 번거로울 수밖에 없다. 이런 점을 감안해서 저작권법에서는 "저작물의 원본이나 그 복제물이 저작재산권자의 허락을 받아 판매 등의 방법으로 거래에 제공된 경우"에는 계속 배포허락을 얻을 필요가 없다고 규정하고 있다. 아울러 "저작물 또는 음반을 공중의 수요를 충족시키기 위하여 복제·배포하는 것"으로서의 '발행(發行)'에 관한 정의 규정을 두고 있으므로 출판권처럼 발행을 전제로 한 이용허락을 얻게 되면 그 이용자는 이후 별도의 배포에 따른 이용허락 없이 임의로 저작물을 배포할 수 있다. 이를 가리켜 다른 권리와의 충돌에 따른 제한조치로서 이른바 "최초판매원칙" 또는 "권리소진원칙"이라고도 한다.[20]

그러므로 신문사의 담당 기자가 외부 저작자(필자, 삽화가, 사진가 등)에게 청탁 형식으로 의뢰하여 만들어지는 저작물의 경우에는 그것의 게재 및 발행에 따른 별도의 배포권 이용허락을 얻을 필요가 없는 것이다.

(6) 대여권

공중송신권과 함께 2007년 전부개정법에서 신설된 권리로, 판매용 음반이나 판매용 음반에 대해 영리 목적의 대여권이 부여됨을 명시하고 있다. 음악저작물의 저작자에게는 자신이 창작한 저작물을 음반의 형태로 만들어 발매함으로써, 컴퓨터프로그램저작물의 저작자에게는 자신이 만든 프로그램을 상품화하여 여러 가지 형태로 판매함으로써 경제적 이익을 추구하는 것이 보편적인 권리행사 방법인데, 무단으로 대여가 이루어진다면 실익이 그만큼 줄어들 수밖에 없을 것이다. 한편, 저작인접권자인 실연자에게도 자기 실연이 녹음된 판매용 음반에 대한 대여권이 주어진다.

(7) 2차적저작물작성권

저작(권)자는 자기 저작물을 원저작물로 하는 2차적저작물을 작성하여 이용할 수 있는 권리를 갖는다. 2차적저작물이란, "원저작물을 번역·편곡·변형·각색·영상제작 그 밖의 방법으로 작성한 창작물"을 말하므로 2차적저작물을 작성한 사람에게도 그에 따르는 별도의 권리가 주어지지만, 그것의 원저작

---

20) 최초판매원칙이란 저작물의 배포를 허락할 수 있는 저작권자의 배타적 권리에도 불구하고 저작권자가 일단 특정 복제물의 판매에 동의한 경우에는 그 복제물에 대해서는 더 이상 저작권자의 배포권이 미치지 않는다(배포권이 소진된다)는 원칙을 말한다. 이러한 이유에서 이를 권리소진(exhaustion of rights) 원칙이라고도 한다. 본시 저작권자의 배포권은 불법복제물이나 도난 또는 기타 불법적인 복제물의 경우에 저작권자를 충분하게 보호하기 위해 복제권에 보완적으로 부여된 권리이다. 따라서 배포권은 저작권자가 일단 저작물의 복제물의 배포에 동의한 경우에는 적용될 여지가 없다는 것이 최초판매원칙의 논거이다. 저작권심의조정위원회(2006), 「실무자를 위한 저작권법」(서울: 저작권심의조정위원회), p. 171.

물의 저작자로부터 정당한 방법으로 허락을 얻어야 하며, 그렇지 않을 경우에는 그에 따르는 책임을 져야 한다. 또한 2차적저작물을 작성함에 있어서 원저작물의 변경이 불가피하므로 저작인격권으로서의 동일성유지권 침해의 문제가 제기될 수 있지만 그것이 내용상의 본질적인 변경이 아니고 영어를 국어로 번역하거나 다장조 음계를 가장조로 편곡하는 등 단순한 표현형식의 변경이라면 동일성유지권을 침해한 것으로 볼 수 없다.

한편, "작성하여 이용할 권리"라는 말에 유의할 필요가 있다. 이는 작성할 권리와 이용할 권리의 이중적인 의미로 해석할 수 있기 때문이다. 즉, 저작자는 자기 저작물을 토대로 해서 직접 2차적저작물을 작성할 수 있을 뿐만 아니라, 그렇게 작성한 별도의 저작물을 경제적인 대가를 받고 이용하게 할 수 있다는 뜻이다. 따라서 2차적저작물작성권은 저작재산권 중에서도 매우 부가가치가 높은 권리이기 때문에 저작재산권을 다른 사람에게 양도하는 경우 주의가 필요하다.

이러한 2차적저작물은 이른바 'OSMU(One Source Multi Use)'와 관련이 깊다. 따라서 저널리즘 영역에서는 해당 기사를 외국어로, 또는 외국 기사를 한국어로 번역하는 경우를 제외하고는 직접적인 관련성이 적은 것으로 보인다.

3) 저작재산권의 양도와 이용허락

저작재산권은 저작권자에게 주어진 재산적 권리이므로 일정한 요건에 따라 그 권리를 다른 사람에게 양도하거나 행사할 수 있으며, 아울러 소멸될 수도 있는 것은 당연하다. 하지만 그것이 문화적 산물인 저작물을 대상으로 한다는 점에서 물건 등에 있어서의 소유권과는 차이가 있을 수 있다.

(1) 저작재산권의 양도

먼저 저작재산권은 다른 사람에게 양도(讓渡)할 수 있다. 그런데 여기서 주목해야 할 것은 "전부 또는 일부를 양도할 수 있다"는 규정[21]이다. 저작권법에서는 저작재산권으로서의 복제권, 공연권, 공중송신권, 전시권, 배포권, 대여권, 2차적저작물작성권 등이 각각 별개의 권리임을 규정하고 있으므로 권리자는 당연히 이용형태에 따라 권리를 분할해서 양도할 수 있다. 이뿐만 아니라 경우에 따라서는 이러한 별개의 재산적 권리조차도 쪼갤 수가 있다. 예를 들어 복제권 하나만 살펴보더라도, 저작재산권자는 인쇄의 방법으로 저작물을 복제하려는 출판사업자, 녹음의 방법으로 저작물을 복제하려는 음반사업자, 또는 녹화의 방법으로 저작물을 복제하려는 영상사업자 등에게 복제권을 각각 별도로 양도할 수 있다. 어떤 방법으로 복제하느냐에 따라 같은 복제권이라도 완전한 별개의 권리로 쪼개질 수 있다는 가분적(可分的) 특성이 저작재산권에 내포되어 있는 것이다. 또한, 저작재산권자는 하나의 저작물에 대해 종이책 출판사에 출판권을 부여하는 동시에 공중송신권을 발휘하여 또 다른 업체 혹은 개인에게 전송 방식에 의한 '전자책(e-Book)'을 만들도록 허락할 수도 있다.

다음으로는 2차적저작물작성권과 관련한 재산권의 분할을 생각할 수 있다. 예를 들어, 어떤 장편소설의 저작자가 있다면 그는 그것을 원작으로 하는 번역은 물론 각색하여 공연에 이용하거나 영상제작에 이용하려는 사람들에게 각각 별도로 그 부분에 대한 권리를 양도할 수 있다. 나아가 같은 공연이라도 공연의 주체가 달라진다면 그들에게도 별도의 권리를 양도할 수 있다.

---

21) 저작권법 제45조(저작재산권의 양도)
  ① 저작재산권은 전부 또는 일부를 양도할 수 있다.
  ② 저작재산권의 전부를 양도하는 경우에 특약이 없는 때에는 제22조에 따른 2차적저작물을 작성하여 이용할 권리는 포함되지 아니한 것으로 추정한다. 다만, 프로그램의 경우 특약이 없는 한 2차적저작물작성권도 함께 양도된 것으로 추정한다. 〈개정 2009.4.22.〉

또한 시간적, 공간적 제한에 의한 저작재산권의 분할 및 양도를 생각할 수도 있다. 먼저 시간적인 측면에서 본다면, 저작재산권자는 자신의 권리를 다른 사람에게 양도함에 있어서 언제부터 언제까지, 즉 '3년' 또는 '5년'이라는 기간을 정할 수 있는데, 그런 경우에는 그 정해진 시간이 지나면 자동적으로 저작재산권은 원래의 권리자에게로 돌아오는 것이다. 따라서 실질적으로는 '3년' 또는 '5년' 동안의 배타적 이용허락과 같다. 공간적 측면에서 본다면, 번역에 의해 저작물을 출판함에 있어 그것을 '한국 내에서만' 또는 '중국 내에서만' 하는 식으로 제한해서 양도할 수 있는데, 이런 경우에는 배포권의 성질에 비추어 보더라도 지역이 바뀔 때마다 각각 별개의 권리가 작용할 수 있다. 다만, 이런 지역적 제한이 국내에서도 가능해서 '경기도' 또는 '강원도' 하는 식으로까지 분할할 수 있는 것인지는 분명하지 않다.

이러한 저작재산권 양도의 형태는 저널리즘 영역에 있어 일반적인 저작물 이용방법은 아닌 것으로 보인다. 다만, 외주 제작 형식의 뉴스 프로그램이나 프리랜서 기자에 의한 저널리즘 활동의 결과물을 활용하는 경우에 해당 언론사(방송사)가 외주제작업체 또는 프리랜서 기자와 저작재산권의 양도를 목적으로 하는 계약을 체결할 수 있을 것이다.

(2) 저작물의 이용허락

저작물의 이용에 관한 배타적 권리(exclusive right)는 저작재산권자에게 있기 때문에 저작재산권자는 자기 소유의 저작물을 양도할 수 있을 뿐만 아니라 다양한 이용형태에 따라 저작물의 이용을 허락할 수도 있다. 저작물의 이용허락(license)에 따르는 저작재산권자의 권리 내용을 살펴보면 다음과 같다.

먼저, 저작재산권자는 제3자에게 자기 저작물의 이용을 허락할 수 있다. 저작재산권자는 자신의 저작물을 스스로 이용할 수 있을 뿐만 아니라, 경우에 따라서는 다른 사람에게 이용을 허락하고 적당한 대가를 받음으로써 재산적 이익을 추구할 수 있다는 뜻이다. 그러므로 저작재산권자로부터 허락을 얻지 않고 저작물을 이용하는 행위는 위법이 된다. 여기서 저작재산권자의 권리는 배타적 권리, 즉 누구를 상대로 하든지 행사할 수 있는 권리이지만, 이용허락을 받은 사람이 갖는 권리는 이용에 따르는 채권적인 권리라는 점에 주의해야 한다. 따라서 저작물 이용에 대한 배타적 권리를 가진 저작재산권자는 같은 이용방법으로 여러 사람에게 이용허락을 할 수 있으며, 이용자는 이에 대해 이의를 제기할 수 없다.[22]

다음으로, 이용허락을 얻은 이용자라고 하더라도 허락받은 이용방법 및 조건의 범위 안에서만 그 저작물을 이용할 수 있다. 여기서 "허락받은 이용방법"이란, 복사·인쇄·녹음·녹화·공연·방송·전송, 그리고 전시 또는 디지털음성송신 등과 같은 이용형태는 물론 이용부수, 이용횟수, 이용시간, 이용장소 등을 포함한 구체적인 이용방법을 모두 뜻하는 것이다. 그리고 "허락받은 조건"이란, 저작물을 이용하는 대가로서 얼마의 금액을 언제까지 지급하기로 한다든가, 별도의 특약을 하는 것 등이라고 할 수 있다. 예를 들어, 어떤 사람이 연극의 상연을 위한 목적으로 어느 저작물에 대한 이용을 허락받았는데 연극이 아닌 책으로 꾸며서 출판의 방법으로 이용했다면 그것 역시 위법이 된다. 또한 저작물을 1년 동안만 이용하기로 계약을 맺었다면 1년이 지난 후에는 이용할 수

---

22) 이용허락의 종류에는 크게 세 가지가 있다. 첫째는 여기서 살펴본 것처럼 '단순이용허락'이 있는데, 이 경우에는 이용허락을 받은 사람은 저작재산권자가 같은 이용방법에 의해 다른 사람에게 이용허락을 해도 아무런 제재수단이 없다. 둘째는 '독점이용허락'이 있는데, 이 경우 역시 특정의 이용자에게만 이용허락을 하고 다른 사람에게는 이용을 허락하지 않겠다는 채권(債權)과 채무(債務)의 관계를 맺은 것에 불과하므로, 저작재산권자가 다른 사람에게 독점이용에 대한 허락을 했다면 저작재산권자에게 채무 불이행에 따른 계약위반을 추궁할 수 있을 뿐, 제3의 이용자를 상대로 한 제재를 가할 수 있는 것은 아니다. 셋째는 '배타적 이용허락'이 있는데, 이 경우는 저작권법에 있어서 출판권의 설정이 대표적인 것으로, 배타적 이용을 전제로 한 계약이 이루어졌다면 이용자는 제3의 이용자에 대해서도 권리의 침해를 주장할 수 있다. 하지만 저작권법에서 규정하고 있는 이용허락이란 첫째와 둘째의 경우만을 뜻하는 것으로 해석된다.

없으며, 모든 권리는 다시 원래의 저작권자에게로 복귀된다는 뜻이다.

끝으로, 저작물을 일정한 용도에 의한 이용허락을 얻은 사람이라도 저작재산권자의 동의가 없이 제3자에게 이를 양도할 수 없다. 여기서 말하는 '이용자의 권리'란 곧 "허락받은 이용방법과 조건의 범위 안에서 그 저작물을 이용할 수 있는 권리"를 말한다. 예를 들어, 어느 때로부터 3년 동안 출판에 의한 방법으로 저작물을 이용하기로 한 이용자가 1년이 지난 후에 다른 출판업자에게 저작물의 출판에 의한 이용권을 양도할 때에는 반드시 저작재산권자의 허락이 있어야 하며 그렇지 않을 때에는 역시 위법이 된다.

이러한 저작물의 이용허락 방식은 오늘날 저널리즘 분야에 널리 활용되고 있다. 특히 스마트폰 등 모바일 및 각종 단말기, 노트북을 비롯한 첨단기기의 활용이 인터넷과 맞물리면서 온라인 저널리즘이 활성화되고, 나아가 이용자들의 이용환경 또한 디지털화하면서 저널리즘 저작물의 이용허락이 보편화하고 있는 것으로 보인다. 한국온라인신문협회의 '온라인 디지털 콘텐츠 서비스', 저작권신탁관리단체인 한국언론진흥재단의 '뉴스코리아 서비스' 등이 대표적인 저널리즘 저작물 이용허락의 예가 될 것이다.

<참고 1> 한국온라인신문협회 콘텐츠 이용규칙

본 협회의 콘텐츠 이용규칙은 저작권자(이하 '회원사'라 한다)가 온라인으로 제공하는 디지털 콘텐츠를 계약자(이하 '이용자'라 한다)가 이용하는 데 따른 권리와 책임을 정한 것이다.

제1조 (용어의 정의)

1. 회원사 : 한국온라인신문협회의 정관에 따라 회원의 자격을 취득한 콘텐츠 제공 저작권자를 말한다.

2. 이용자 : 협회의 회원사와 회원사가 제공하는 콘텐츠에 대하여 사용 계약을 체결한 계약자를 말한다.

3. 콘텐츠 원본 : '콘텐츠 원본'은 회원사가 이용자에게 최종적으로 제공한 콘텐츠인 동시에 이용자가 수신 후 콘텐츠의 형식, 내용, 제호 등에 대해 어떠한 수정도 가하지 않은 상태의 콘텐츠를 말한다.

4. 콘텐츠 : '콘텐츠'는 회원사가 제공한 디지털 형태로 표현되는 일체의 데이터로서 텍스트, 사진, 동영상, 링크, 그래픽, 애니메이션, 컴퓨터프로그램 및 이들의 조합으로 이루어진 모든 형태를 포함한다.

5. 콘텐츠 표시 영역 : '콘텐츠 표시 영역'은 이용자가 콘텐츠를 화면에 최종적으로 게시(표현)하는 영역으로서 콘텐츠가 처음 표출되는 시점부터 끝나는 시점까지를 말한다.

6. 서비스 : 서비스는 이용자가 회원사의 콘텐츠를 사용하여 특정 망과 플랫폼을 통해 특정 단말기에 제공하는 것으로서 각 서비스의 정의는 아래와 같이 정의하여 구분한다.

-유선 인터넷 서비스 : 유선 인터넷망을 통하여 PC로 제공되는 서비스

-무선 인터넷 서비스 : 무선 인터넷망을 통하여 PC로 제공되는 서비스(예: 네스팟, 와이브로, 무선공유기 등)

-모바일 인터넷 서비스 : (패킷요금이 발생하는) 무선 통신망을 통하여 단말기(핸드폰, PDA 등)로 제공되는 서비스

-IPTV 서비스 : 유선 인터넷망을 통하여 TV단말기로 제공되는 서비스

-기타 서비스 : 무선방송 서비스, 유선방송 서비스, 위성방송 서비스 등

제2조 (콘텐츠 원본의 변형 금지)

1. 이용자는 회원사로부터 제공받은 콘텐츠의 제목, 내용물, 형식, 링크, 삽입개체 등의 원본을 수정(변경, 절삭, 가공, 개변)할 수 없다. 단, 오탈자에 대한 것이 발생 시에는 수정한 것을 다시 제공받거나 제공한 회원사의 허가를 얻은 후 수정할 수 있다.

2. 이용자는 콘텐츠 원본을 수정(변경, 절삭, 가공, 개변, 추가)하거나 임의의 내용을 추가하여 '콘텐츠 표시 영역'에 게시(서비스)할 수 없다.

3. 이용자는 회원사로부터 제공받아 게시된 기사 콘텐츠를 임의로 삭제할 수 없으며 기사의 삭제는 제공한 회원사의 요청에 의하여 처리 가능하도록 한다.

제3조 (콘텐츠의 이용범위)

1. 이용자는 회원사로부터 제공받은 콘텐츠 계약 시 합의한 서비스 영역을 반드시 명시해야 하며 합의된 서비스 영역에 한해서만 게재할 수 있다. "서비스 영역"이라 함은 이용자가 계약에 의해 콘텐츠를 게시할 수 있는 도메인을 말한다(예를 들어, news.domain.com). 단, 도메인의 첫 화면은 허용한다.

2. 이용자는 회원사로부터 제공받은 콘텐츠를 유·무선 인터넷 서비스에 한해서 사용

할 수 있다.

3. 이용자는 회원사로부터 제공받은 콘텐츠를 제3조 2항 외의 서비스(통신망 이용, 새
   로운 단말기 등)에 사용하고자 할 경우에는 추가 계약을 체결하여야 한다. 추가 계약
   서는 서비스 형태, 기간, 조건 등을 포함한다.

제4조 (콘텐츠 보존 기한)

1. 이용자가 콘텐츠를 보존할 수 있는 기간은 각 콘텐츠 건별로 전송받은 시점으로부
   터 7일을 원칙으로 한다. 단, 주간지나 월간지는 회원사와 이용자 간 별도 약정에
   의한다.
2. 이용자는 계약이 연장 또는 갱신 없이 만료되었거나 보존기한이 7일을 초과한 콘텐
   츠는 이용자의 서비스와 콘텐츠 저장공간에서 삭제해야 한다.

제5조 (콘텐츠의 저작권 보호조치)

1. 이용자는 게시한 콘텐츠를 제3자에게 '퍼가기', '이메일보내기' 및 이와 유사한 방
   식의 복제와 배포 기능을 제공할 때에는 제목을 복제하여 회원사 원본 콘텐츠 URL
   을 연동하는 방식으로 한다.
2. 이용자는 회원사 콘텐츠의 명확한 출처 표시를 위하여 회원사의 로고 및 저작권을
   명기한 문구를 게재하고 회원사의 온라인서비스로의 링크를 제공한다.
3. 이용자는 게시한 콘텐츠의 불법적인 전송을 차단하는 기술적 보호조치를 하여야
   한다.

제6조 (기타)

1. 이용자는 회원사로부터 제공받은 콘텐츠를 서비스할 때 콘텐츠 원문을 확인할 수

있는 기능을 제공한다.

2. 이용자가 운영하는 뉴스검색서비스는 회원사 사이트의 원문 콘텐츠로 볼 수 있도록 아웃링크 방식으로 서비스한다.

3. 이용자는 회원사의 사전 합의 없이는 회원사로부터 받은 콘텐츠를 이용자 이외의 자나 이용자가 만든 콘텐츠의 일부를 발췌하거나 결합해 새로운 유형의 서비스를 만들 수 없다.

4. 회원사는 콘텐츠 제공계약을 체결 시 계약기간은 매해 12월 31일까지로 적용한다.

5. 본 이용규칙 또는 회원사와 이용자 간 계약에서 정하지 아니한 콘텐츠 이용에 관한 사안('부가서비스')은 회원사와의 별도 협의에 따른다.

부칙

1. 본 이용규칙은 2008년 9월 1일부로 시행한다.

〈참고 2〉 한국언론진흥재단 뉴스저작권 사용계약 약관

제정 2006. . .

제1조 목적 이 약관은 저작권신탁관리단체인 재단법인 한국언론진흥재단(이하 '재단' 이라 한다)과 재단이 신탁받아 관리하는 디지털뉴스저작권(이하 '신탁저작권'이라 한다)을 이용하고자 하는 자(이하 '이용자'라 한다) 사이에 준수해야 할 이용방법 및 이용계약조건 등을 정함을 목적으로 한다.

제2조 이용계약

① 이용자는 재단과 재단이 제공하는 양식에 따라 저작권 이용계약을 체결하여야 한다. 재단은 제2항에 규정된 경우 또는 정당한 이유 없이 그 이용계약을 거절할 수 없다.

② 재단은 이용자의 이용행위가 다음 각 호에 해당하는 경우, 이용계약을 거절할 수 있다.

1. 이용자가 저작권을 이 약관에 반하여 이용하는 경우

2. 이용자가 재단 이외의 권리자와 명시적 또는 묵시적으로 독점적 또는 이와 유사한 이용계약을 체결함으로써 다른 이용자의 공정한 경쟁을 저해하는 경우

3. 이용자가 사용료를 3개월 이상 체납하거나 그 체납자가 대표자로 있는 법인인 경우

4. 기타 상관례에 비추어 거래의 질서를 해할 명백한 우려가 있는 경우

제3조 이용허락의 범위

① 이용자는 이용방법, 이용지역의 제한 등 이용계약에서 허락된 범위 내에서 저작권을 이용하여야 한다.

② 이용자는 저작권을 이용할 권리를 제3자에게 다시 양도하거나 이용을 허락할 수 없다.

제4조 저작인격권의 존중

① 이용자는 저작권을 이용할 경우 해당 저작권 저작자의 성명 또는 명칭을 표시하여야 한다.

② 이용자는 뉴스저작물의 동일성을 변경해서는 아니 된다.

③ 공표되지 아니한 뉴스저작물을 제공한 경우에는 이용자에게 공표를 동의한 것으로 본다.

제5조 복제방지시스템 등

① 이용자는 이용허락받은 저작물을 제3자가 불법복제하지 않도록 필요한 조치를 취하여야 한다.

② 재단은 복제방지시스템이나 저작권표시시스템에 따라 일정한 표시를 저작물에 부착할 수 있으며, 이용자는 이 시스템을 존중하고 그 표시를 손상시키지 않아야 한다.

제6조 사용료

① 이용자는 재단의 사용료징수규정에 규정된 요율 또는 금액을 재단에 납부하여야 한다. 다만, 사용료징수규정에 정함이 없는 경우에는 재단과 이용자가 합의하여 정한 요율 또는 금액으로 한다.

② 재단은 재단의 사용료징수규정의 변경으로 사용료에 변동이 있는 경우 이를 즉시 통보하며 이용자는 그를 따라야 한다.

③ 이용제공 중단 등 특별한 사정이 있는 경우 이용자가 납부한 사용료를 환불하되,

사용료를 환불하는 경우, 환불의 조건 등은 저작권이용계약에서 정한다.

제7조 이용자료의 제출 등

① 재단은 이용자의 저작권 이용실적이나 저작물과 관련된 거래정보 등을 확인할 수 있으며 이용자에게 필요한 자료의 제출을 요구할 수 있다.

② 재단은 그가 신탁관리하는 뉴스저작물을 이용하는 자에 대하여 당해 저작물 등의 사용료 산정에 필요한 자료의 열람 및 제공을 청구할 수 있다. 이 경우 이용자는 정당한 이유가 없는 한 이에 따라야 한다.

③ 재단은 1, 2항에 따라 이용자가 제출하거나 이용자로부터 수집한 자료, 정보를 외부로 유출하거나 다른 목적으로 이용해서는 아니 된다.

제8조 연체가산금 이용자는 계약상 약정된 기일까지 사용료를 납부하여야 하며, 사용료를 연체할 경우 사용료 5%의 가산금 및 매월 1.2%의 중가산금을 납부하여야 한다.

제9조 계약의 해지

① 재단 또는 이용자는 그 상대방이 다음 각 호에 해당하는 경우에는 15일 이상의 기간을 정하여 이행을 최고하고 그래도 이행하지 아니하면 본 계약을 해지할 수 있다.

1. 계약의 전부 또는 일부를 이행하지 아니한 경우

2. 제2조 제2항의 사정이 있는 경우

② 이용자는 계약해지의 통지를 받은 경우 지체 없이 저작권의 이용을 중지하고, 저작물의 모든 복사, 복제물을 폐기하여야 한다.

제10조 계약위반에 대한 조치

① 이용자가 이용계약의 범위를 초과하여 저작권을 이용하거나 권한 없이 이용할 경우, 재단은 침해된 저작권의 사용료로 정상적인 이용허락에 의한 사용료의 2배를 부과, 징수할 수 있다.

② 재단은 이용자가 저작권사용료를 체납할 경우 이용허락기간에 관계없이 이용계약을 해지할 수 있다.

③ 이용자가 반복하여 이용계약의 범위를 초과하여 저작권을 이용하거나 저작권사용료를 체납할 경우 해당 이용자에 대하여 일정한 기간 동안 일체의 이용계약을 금지할 수 있다.

제11조 약관의 개정 이 약관을 개정하고자 할 때에는 '뉴스저작권신탁운영위원회'의 의결을 거쳐 문화관광부장관의 승인을 얻어야 한다.

제12조 시행세칙 이 약관의 시행과 관련하여 필요한 사항은 '뉴스저작권신탁운영위원회'의 의결을 거친 세칙으로 정한다.

제13조 재판관할 이 약관과 관련한 소송의 재판관할은 민사소송법의 규정에 따른다.

부칙

이 약관은 문화관광부장관의 승인을 받은 날부터 시행한다.

저널리즘과 저작권

제 2 장

1. 저널리즘 유형에 따른 저작물성 판단

1) 보호받지 못하는 저작물로서의 시사보도

여기서는 편의상 저널리즘 유형을 방송, 인쇄, 인터넷 등 3개 분야로 나누어 살펴보고자 한다. 우선 관련 법령에 규정되어 있는 정의에 따라 저널리즘 유형을 매체별로 나누면 '뉴스통신', '신문', '인터넷신문', '방송', '잡지' 등이 있으며, 이 같은 매체들이 담고 있는 뉴스를 인터넷을 통해 서비스하는 방식이 있다. 따라서 방송에 의한 보도 형식은 방송저널리즘으로, 신문과 잡지에 의한 뉴스 서비스는 인쇄저널리즘으로, 그리고 뉴스통신 및 인터넷신문 그리고 매체를 망라한 인터넷뉴스서비스는 인터넷저널리즘으로 각각 분류할 수 있다.

한편, 이러한 저널리즘 유형의 분류에도 불구하고 거기에 담기는 콘텐츠로서의 저작물 자체가 이른바 '저작물성'을 띠지 못한다면 저작권 보호의 대상이 될 수 없다. 앞서 살핀 것처럼 현행 저작권법에 따르면 '저작물'이란, "인간의 사상 또는 감정을 표현한 창작물"인 만큼 최소한의 창작성이 인정되어야만 저작권 보호대상으로서의 저작물로 볼 수 있다는 뜻이다. 여기서 중요한 키워드는 '인간'과 '창작물'이다. 만약 어떤 조련사가 침팬지를 길들여 매우 독창적이고도 난해한 그림을 그리게 했다면 그 그림은 저작물일까, 아닐까? 결론은 현행 법상으로는 '아니다'이다.

다음의 예문을 통해 '창작성'에 대해 살펴보기로 하자.

〈예문 1〉 문화부, 저작권 이러닝 교육과정 실시

문화체육관광부와 한국저작권위원회(위원장 이보경)는 저작권 이러닝 교육과정을 실시한다고 23일 밝혔다. 저작권 이러닝 교육과정은 무료로 진행되며, 인터넷과 음악·출판산업 분야 종사자, 대학생 및 일반인을 대상으로 운영한다. 각 교육과정은 내달 11일까지 3주간 진행되며, 올해 4개 과정을 각 4회, 총 16개 과정을 운영할 예정이다. 한호 한국저작권위원회 팀장은 "올해 안에 저작권 원격교육시스템의 효율적이고 안정적인 운영을 위해 시스템의 고도화를 추진 중"이라며 "새로운 교육콘텐츠를 지속적으로 개발해 국민들의 올바른 저작권 이용문화의 정착 및 저작권 보호 의식 고취에 기여할 것"이라고 말했다. 한국저작권위원회는 효율적이고 체계적인 이러닝 교육과정의 서비스 지원을 통해, 학습자들의 편의성과 교육 만족도를 극대화함으로써 저작권 관련 평생교육학습센터로서의 위상을 정립한다는 방침이다.

장동준 기자 djjang@etnews.co.kr (〈etnews〉, 2010.06.24.)

〈예문 2〉 최종열 씨, 한반도 해양대탐험 성공

탐험가 최종열 씨가 '2010 제천국제한방바이오엑스포' 성공을 기원하며 나선 한반도 해양대탐험에 성공했다. 충북 제천시는 최씨가 이끄는 탐험대가 4월 10일 인천을 출발해 74일간 항해한 끝에 지난 22일 종착지인 독도에 도착했다고 23일 밝혔다.

(〈경향닷컴〉 2010.06.23.)

〈예문 1〉과 〈예문 2〉는 모두 보도기사인데, 어떤 차이가 있는지 살펴보면 "단순한 사실에 불과한 시사보도"와 "인간의 사상 또는 감정을 표현한 창작물"의 경계가 드러난다. 저작물로서의 최소한의 요건인 '창작성'은 따지고 보면 그리 대단한 것이 아니다. 곧 "남의 저작물을 베끼지 않았다"는 사실만 인정되면 창작성이 생긴다고 할 수 있기 때문이다. 즉, 〈예문 1〉은 보호대상 저작물이지만 〈예문 2〉는 '보호받지 못하는 저작물'이다. 왜냐하면 〈예문 1〉에서는 기자가 취재한 내용을 바탕으로 관련자의 인터뷰 내용을 선별해서 싣는 동시에 관련 단체의 다양한 활동 범위를 특정하여 전망하는 등 나름대로 독창적인 기사 작성을 위해 노력한 흔적이 엿보인다. 반면에 〈예문 2〉는 기자 또는 해당 언론사의 창의적인 노력이 아닌 보도자료 혹은 관련 사실 그 자체의 객관적 표현이 전부이기 때문에 저작권을 인정할 만한 저작물로서의 기사라고 보기 어렵다고 판단된다.

실제로 '연합뉴스'는 2005년 2월 모 통신사가 총 5백여 건(2003년 10월~2004년 11월)의 연합뉴스 단독취재 기사를 도용한 사실이 있다며 모 통신사 법인 등을 저작권 위반 혐의로 고소하고 거액의 손해배상을 요구하는 소송을 낸 적이 있다. 모 통신사는 이에 2005년 2월 '연합뉴스'가 보도자료 등을 통해 자사의 명예를 실추했다며 명예훼손으로 맞고소하면서 5년여에 걸쳐 법정공방이 진행되었다.

결국 대법원을 거쳐 다시 서울고등법원으로 환송된 이 사건은 '연합뉴스'의 저작권을 침해한 모 통신사가 일정 금액을 배상하고, 이 같은 내용이 담긴 해명서를 양사 웹사이트에 24시간 게재하라는 강제결정으로 일단락되었다. 결정문에 따르면 법원에 증거로 제시된 '연합뉴스' 기사 477건 중 380건의 저작권이 침해되었거나 도용된 것으로 인정되었다.

당시 1심 재판부는 "저작권이 인정되는 기사들은 단순히 사실 전달에 그치지 않고 이를 기초로 작성자의 비판, 예상, 전망 등을 표현하고 있으며 소재의 선택과 배열, 판단을 거치는 등 창조적 개성이 드러난다"며 객관적 사실을 표현한 기사라도 저작권 보호대상임을 확인하고 일정 금액을 배상하라고 판결하였다. 항소심에서는 기사에 대한 저작권 침해행위를 추가로 인정한 재판부에서

배상액을 크게 상향조정하는 판결을 내렸다.

이후 대법원도 "일부 문장의 배열순서나 구체적인 표현을 다소 증감·수정했더라도 연합뉴스 기사의 핵심적인 표현을 그대로 전재하고 있으며, 전체적인 구성과 논조에서 원기사의 창작성이 감지되므로 유사성이 있다"며 모 통신사의 저작권 침해행위를 인정한 바 있다. 대법원은 다만 배상액을 보다 면밀하게 산정하라는 취지로 원심을 깨고 사건을 서울고등법원으로 돌려보낸 것으로 알려졌다.

위의 판례(대법원 2009.5.28. 선고 2007다354 판결)에 따르면, 저작권법에서 일정한 창작물을 저작권법에 의한 보호대상에서 제외하면서 '사실의 전달에 불과한 시사보도'를 열거한 것은 원래 저작권법의 보호대상이 되는 것은 외부로 표현된 창작적인 표현형식일 뿐 그 표현의 내용이 된 사상이나 사실 자체가 아니고, 시사보도는 여러 가지 정보를 정확하고 신속하게 전달하기 위해 간결하고 정형적인 표현을 사용하는 것이 보통이어서 창작적인 요소가 개입될 여지가 적다는 점 등을 고려하여, 독창적이고 개성 있는 표현 수준에 이르지 않고 단순히 '사실의 전달에 불과한 시사보도'의 정도에 그친 것은 저작권법에 의한 보호대상에서 제외한다는 취지임을 선언하고 있다.

2) 시사보도의 창작성에 대한 판단기준

이번에는 어느 지방신문사의 편집국장이 연합뉴스사의 기사 및 사진을 복제하여 신문에 게재한 사안에서, 복제한 기사 및 사진 중 단순한 사실의 전달에 불과한 시사보도의 정도를 넘어선 것만을 가려내어 저작권법상 복제권 침해행위의 죄책을 인정해야 한다고 한 사례(대법원 2006.9.14. 선고 2004도5350 판결)

에 대해 살펴보기로 하자.[23]

이 사건에서도 대법원은 '보호받지 못하는 저작물'에 관한 저작권법 제7조에서 '사실의 전달에 불과한 시사보도'를 열거한 취지에 대해, "이는 원래 저작권법의 보호대상이 되는 것은 외부로 표현된 창작적인 표현형식일 뿐 그 표현의 내용이 된 사상이나 사실 자체가 아니고, 시사보도는 여러 가지 정보를 정확하고 신속하게 전달하기 위해 간결하고 정형적인 표현을 사용하는 것이 보통이어서 창작적인 요소가 개입될 여지가 적다는 점 등을 고려하여, 독창적이고 개성 있는 표현 수준에 이르지 않고 단순히 '사실의 전달에 불과한 시사보도'의 정도에 그친 것은 저작권법에 의한 보호대상에서 제외한 것"이라고 판시한다.

이 사건의 피고인은 포항시 소재 신문사의 편집국장인데, 2002년 7월 29일경 피해자 연합뉴스의 기자가 송고한 기사를 피해자의 사전 허락 없이 같은 달 30일 자신이 만드는 신문에 전재하였다. 이후에도 피고인은 2003년 1월 24일경까지 모두 5회에 걸쳐 기사와 사진을 피해자의 사전 허락이 없이 전재했다고 한다. 이에 대해 법원은 피고인의 저작권 침해를 인정했고(대구지방법원 2004.7.30. 선고, 2004노1396 판결), 2심 법원도 이를 인용하였다.

그러나 대법원은 원심판결을 파기 환송한다. 그러면서 이 사건의 피해자의 기사와 사진을 "단순한 사실의 전달에 불과한 시사보도의 수준을 넘어선 것"과 "정치계나 경제계의 동향, 연예·스포츠 소식을 비롯하여 각종 사건이나 사고, 수사나 재판 상황, 판결 내용, 기상 정보 등 여러 가지 사실이나 정보들을 언론매체의 정형적이고 간결한 문체와 표현형식을 통하여 있는 그대로 전달한 것"으로 구분하였다. 그리고 피고인의 신문사가 전재한 피해자의 기사와 사진 중 전자에 해당하는 것도 일부 있으나 상당수는 후자에 포함되므로, 원심은 후자

---

23) 김기중, 「스트레이트 기사의 저작권 보호대상 해당 여부」, 한국저작권위원회 편 《저작권 문화》 2010년 7월호(통권 191호), pp. 20~21 참조.

에 해당하는 것만 가려내어 저작권 침해죄를 인정했어야 하는데, 이를 구분하지 않고 모두 복제권 침해행위의 죄책을 인정함으로써 저작물의 범위에 대한 법리를 오해하였거나 심리를 다하지 않은 위법을 범했다고 판시한다.

대법원에 의해 원심이 파기 환송된 후 검사는 대법원의 판단을 존중하여 공소장을 변경하였다. 그리하여 법원은 다시 정리된 피해자의 기사와 사진은 "단순히 사실을 전달하는 데 그치지 않고, 기사의 내용이 사실을 기초로 한 작성자의 비판, 예상, 전망 등이 표현되어 있고, 그 길이와 내용에 비추어 보더라도 이를 작성한 기자가 그 수집한 소재를 선택하고 배열하여 표현할 수 있는 다양한 방법 중 자신의 일정한 관점과 판단기준에 근거하여 소재를 선택하고, 이를 배열한 후 독자의 이해를 돕기 위한 어투, 어휘를 선택하여 표현함으로써 작성자의 개성이 드러났으므로"(대구지방법원 2006.12.28. 선고 2006노2877 판결) 저작권법의 보호대상이라고 판단하였다.

이 사건에서 대법원의 판결과 환송판결의 의미는 각각 '사실의 전달에 불과한 시사보도'와 '저작권법의 보호대상인 시사보도'의 정의 또는 판단기준을 제시했다는 점에 있다. 즉, 대법원에 따르면 "정치계나 경제계의 동향, 연예·스포츠 소식을 비롯하여 각종 사건이나 사고, 수사나 재판 상황, 판결 내용, 기상 정보 등 여러 가지 사실이나 정보들을 언론매체의 정형적이고 간결한 문체와 표현형식을 통해 있는 그대로 전달한 것"은 '사실의 전달에 불과한 시사보도'로서 저작권법의 보호대상에서 제외된다는 것으로 해석된다.

반면 환송판결은 '저작권법의 보호대상인 시사보도'를 판단할 때의 고려사항으로서 "작성자의 비판, 예상, 전망 등이 표현되어 있는지의 여부"와 "소재의 선택·배열·표현을 위한 다양한 방법 중 하나를 선택함에 있어서 작성자의 관점과 판단기준에 근거하여 소재를 선택·배열하였는지의 여부", "독자의 이해를 돕기 위한 어투와 어휘를 선택하여 표현한 것으로부터 저작자의 개성이 나타났는지의 여부"를 제시하고 있다.

결국, 어떤 저작물의 저작권을 인정하는 가장 기본적인 기준은 창작성에 있다. 아울러 저작물 작성자의 권리 못지않게 공공적인 이익도 무시할 수 없기 때문에 저작권법은 공익적 차원에서 보호받지 못하는 저작물의 유형을 예시하고 있는 것이다. 따라서 특별한 창작성보다는 광범위하면서도 신속하게 일반 국민들로 하여금 알게 할 목적으로 신문이나 방송 등의 대중매체에 싣는 단순한 시사보도에 대해서는 저작권을 인정하지 않는다고 규정하고 있는 것이다. 국민들의 일상 속에서 일어나는 사실들을 단순히 전달하는 것에 불과한 경우에는 저작권 보호의 기준이 되는 창작성 자체가 결여되어 있다는 판단도 함께 작용한 것으로 보인다.

그러므로 언론인뿐만 아니라 일반 독자들도 대중매체에 실린 저작물이 단순한 사실의 전달이 아닌 칼럼이나 사설, 또는 분석기사나 해설기사, 그리고 각종 문예물이나 그림, 만화, 도표 또는 투고 등과 같이 기자 또는 개인의 견해가 창작적으로 표현된 저작물이라면 당연히 보호의 대상이 된다는 점을 잊지 말아야 하겠다.

3) 부정경쟁행위로서의 뉴스저작물 복제[24]

뉴스저작물과 관련하여 생각해 볼 수 있는 또 다른 문제는 경제적 손실에 관한 것이다. 곧 그것이 '사실의 전달에 불과한 시사보도'로서 저작권 보호대상이 아니라 하더라도, 해당 사실이나 사건을 수집하고 기사화하는 데 비용과

---

24) 최경진(2008), 「뉴스(News)와 저작권」, 《성균관법학》(서울: 성균관대학교) 제20권 3호 참조.

노력을 들인 최초 뉴스제공자의 입장에서 보면 경제적 손실이라고 할 수 있기 때문이다. 따라서 이러한 경우에 보호할 수 있는 방안이 없는가 하는 점이 쟁점이 될 수 있다.

이와 관련하여 미국에서는 이른바 'Hot-News Doctrine'이 판례에 의하여 성립·발전되어 왔다. Hot News Doctrine은 초기 사실정보에 대한 형평법상의 계약적 보호를 부여하고자 했던 Stock Ticker 사건으로부터 시작되었다.[25] 이후 뉴스기사와 관련하여 방송이 존재하지 않았던 시대에 신문에 포함된 사실을 보호하기 위한 방편으로 발전하였다. 즉, 미국 연방대법원은 AP통신이 동부 지역 신문에 공표한 뉴스를 INS가 복제하여 서부 지역에서 먼저 공표한 사건[26]에서, 그러한 행위는 부정경쟁행위로서 부정이용(misappropriation)이라는 불법 행위에 해당한다고 판시하였다. 다만, 이 사건에서 부정경쟁법리가 적용되는 요건으로 다음과 같이 세 가지를 예시하였다.

① 뉴스 수집 영업의 직접적 경쟁자인 경우
② 피고가 뉴스를 수집하는 데 비용이 발생하지 않은 경우
③ 피고의 행위가 원고에 의한 공표를 쓸모없게 만드는 경우

따라서 위의 요건에 해당하는 경우에만 부정이용법리에 의하여 책임을 지울 수 있다는 것이었다.[27] 이후 기술의 발달로 인하여 Hot-News 매체가 신문으로부터 방송이나 이동통신기기로 확대·전환되면서 새로운 매체에 대하여도 동일한 법리가 적용될 수 있는지 논의되기 시작하였으며, 제2항소법원은 발전

---

25) Bd. of Trade v. Christie Grain & Stock Co., 198 U. S. 236 (1905); Bd. of Trade v. Tucker, 221 F. 305 (2d Cir. 1915); McDearmott Commission Co. v. Bd. of Trade, 146 F. 961 (8th Cir. 1906). 최경진(2008), 앞의 논문에서 재인용.

26) International News Service v. Associated Press, 248 U. S. 215 (1918). 최경진(2008), 앞의 논문에서 재인용.

된 Hot-News 적용 요건을 제시하기에 이르렀다. 즉, NBA 농구경기 결과 등의 정보를 휴대용 무선호출기를 통하여 제공한 사건[28]에서 농구경기에 관한 정보는 사실로서 저작권에 의하여 보호받지 못하며, Hot-News Doctrine에 의한 보호가 가능한가에 대하여는 5개의 요건을 정립하면서, 해당 요건을 충족하지 못하여서 NBA의 주장을 받아들일 수 없다고 판결하였다. 여기서 Hot-News Doctrine이 적용되기 위한 요건은 다음과 같다.

① 원고가 일정한 비용으로 정보를 창출하거나 수집할 것

② 정보의 가치가 극히 시간에 민감할 것

③ 피고가 정보를 이용하는 행위가 해당 정보를 창출하거나 수집하는 데 비용을 들인 원고의 노력에 무임승차하는 것일 것

④ 피고의 정보 이용이 원고에 의하여 제공된 제품이나 서비스와 직접적인 경쟁관계에 있을 것

⑤ 원고의 노력에 무임승차함으로써 원고가 제품이나 서비스를 창출하고자 하는 유인을 감소시켜 그 존재나 품질이 실질적으로 위협받게 될 것

이상에서 살펴본 미국의 Hot-News Doctrine이 우리 저작권법 체제에서도 타당한지 검토될 필요가 있다. 먼저, 저작권법에 의하여 보호받지 못하는 단순한 사실이나 사건에 관한 뉴스가 데이터베이스 또는 편집저작물, 온라인디지털

---

27) 248 U. S. at 241. 이 사건 판결이 이루어진 시대의 법적 배경을 고려하여야 한다. 즉, 이 문제에 관하여 연방 보통법에 의한 규율이 이루어지던 시기였고, 수정헌법 제1조의 발전이 없던 시대였으며, 저작권법하에서 신문이나 유선통신 서비스를 보호하기 위한 입법적 시도가 실패한 시대였다는 점이다. 이런 상황에서 부정이용법리에 의하여 Hot-News 를 보호하고자 했던 판결이었다. 최경진(2008), 앞의 논문에서 재인용.

28) National Basketball Ass'n v. Motorola, Inc., 105 F. 3d 841 (20 Cir. 1997). 이 판결을 통하여 주법에 의한 상업적 부도덕성(Commercial Immorality)을 바탕으로 한 부정이용(misappropriation) 법리는 연방법 우선의 원칙(Preemption)에 의하여 적용될 수 없음을 밝혔다. 최경진(2008), 앞의 논문에서 재인용.

콘텐츠에 해당하는 경우에는 저작권법 또는 온라인디지털콘텐츠산업발전법에 의하여 보호를 받게 된다. 특히 온라인디지털콘텐츠산업발전법은 그 대상이 온라인디지털콘텐츠이기는 하지만 부정경쟁 형태의 규율방식을 채택하고 있다. 따라서 미국과는 달리 우리의 경우에는 보호 받지 못하는 Hot-News의 범주는 매우 제한적일 것으로 판단된다.[29]

---

29) 미국에서도 NBA 사건 판결 이후에 Hot-News와 관련된 사건을 찾아보기 힘들고, 관련 판결에서도 Hot-News Doctrine을 적용하여 피고의 책임을 인정한 경우는 찾아보기 힘들다. Fred Wehrenburg Circuit of Theatres, Inc. v. Moviefone, Inc., 73 F. Supp. 2d 1044 (E. D. Mo. 1999); Lynch, Jones & Ryan, Inc. v, Standard & Poor's Corp. and The McGraw-Hill Cos., Inc., 47 U.S.P.Q2d 1759 (Sup. Ct. N. Y. Co. 1998). 실제 소송사건에까지 이르지는 않았지만, 2000년 대통령선거 예비선거의 출구조사결과를 둘러싸고 Hot-News 논란이 불거진 적은 있다. 최경진(2008), 앞의 논문에서 재인용.

2. 방송저널리즘과 저작권

1) 방송저널리즘의 유형

현행 저작권법 제2조 제8호에서는 '방송'이란 "공중송신 중 공중이 동시에 수신하게 할 목적으로 음·영상 또는 음과 영상 등을 송신하는 것을 말한다"고 규정하고 있다. 이 같은 정의 규정에 이르기까지 어떤 과정이 있었는지 저작권법 변천사를 살펴보면 다음과 같다.

우선 1957년 우리 저작권법에 처음 제정되었을 때에는 방송에 관한 정의 규정이 없었지만, 1987년 7월 1일부터 시행된 1986년 전면개정 저작권법에서 비로소 정의 규정이 마련되었다. 당시 규정에 의하면 '방송'이란 "일반공중으로 하여금 수신하게 할 목적으로 무선 또는 유선 통신의 방법에 의하여 음성·음향 또는 영상 등을 송신하는 것(차단되지 아니한 동일 구역 안에서 단순히 음을 증폭 송신하는 것을 제외한다)을 말한다"는 것이었다. 이로써 방송의 요건은 첫째로는 일반공중이 수신할 수 있도록 의도된 것이어야 하고, 둘째로는 차단되지 않은 동일 구역 안에서 단순히 음을 증폭 송신하는 것이 아니어야 한다는 것으로 정리될 수 있었다. 따라서 둘째 요건을 충족하지 못하는 경우에는 방송이 아니라 공연(公演)[30]에 해당되는 것으로 해석되었다. 확성기 또는 마이크를 이용하여 소리를 증폭시키는 방법으로 저작물을 전달함으로써 수용자들이 전달자의

---

30) 1986년 전면개정 저작권법 제2조 제3호에서는 "저작물을 상연·연주·가창·연술·상영 그 밖의 방법으로 일반공중에게 공개하는 것을 말하며, 공연·방송·실연의 녹음물 또는 녹화물을 재생하여 일반공중에게 공개하는 것을 말한다"라고 '공연'을 정의하였다. 나낙균 편저(2010), 『방송영상저작권』(김해: 인제대학교출판부), p. 67 참조.

육성 또는 스피커에서 나오는 소리를 통해 저작물의 내용을 듣게 된다면 이는 방송이 아니라 공연이 된다는 뜻이다. 아울러 "차단된 동일 구역 내에서의 증폭 송신"은 '방송'에 해당하며 이 경우 '동시성'의 개념이 포함되지 않았음을 알 수 있다. 그리고 유선방송과 무선방송을 구별하지 않고 모두 방송으로 규정하였다.

2000년에 부분 개정된 저작권법에서는 이러한 방송의 정의 규정이 바뀌게 된다. 즉, 방송을 "일반공중으로 하여금 동시에 수신하게 할 목적으로 무선 또는 유선통신의 방법에 의하여 음성·음향 또는 영상 등을 송신하는 것을 말한다"고 규정함으로써 '동시성'의 요건을 부가하고 있는 것이다. 아울러 '전송(傳送)'의 개념을 신설하여 "일반공중이 개별적으로 선택한 시간과 장소에서 수신하거나 이용할 수 있도록 저작물을 무선 또는 유선통신의 방법에 의하여 송신하거나 이용에 제공하는 것을 말한다"고 함으로써 방송과 구별하였다. 곧 방송의 정의에 동시성을 추가하는 한편 전송의 개념을 명확하게 구별함으로써 인터넷의 등장과 활용에 따른 환경 변화를 반영하고 있는 것이다.

한편, 2007년 7월 1일부터 효력이 발생한 2006년 전부개정 저작권법에서는 '공중송신'이란 정의 규정을 신설하고 그 안에서 방송이 별도 규정되는 형태로 바뀌었다. 곧 "저작물, 실연·음반·방송 또는 데이터베이스(이하 '저작물 등'이라 한다)를 공중이 수신하거나 접근하게 할 목적으로 무선 또는 유선통신의 방법에 의하여 송신하거나 이용에 제공하는 것을 말한다"라고 '공중송신'을 규정하였다. 그리고 방송은 "공중송신 중 공중이 동시에 수신하게 할 목적으로 음·영상 또는 음과 영상 등을 송신하는 것을 말한다"고 규정하였다.

다음의 〈그림 2〉에서 보는 것처럼 공중송신은 방송과 전송, 그리고 디지털 음성송신의 개념과 그 밖에 이와 유사한 개념을 모두 포함한다. 곧 디지털 기술의 발달, 방송과 통신의 융합 등에 따라 새로운 저작물 이용 형태가 등장하고

<그림 2> 공중송신의 개념도

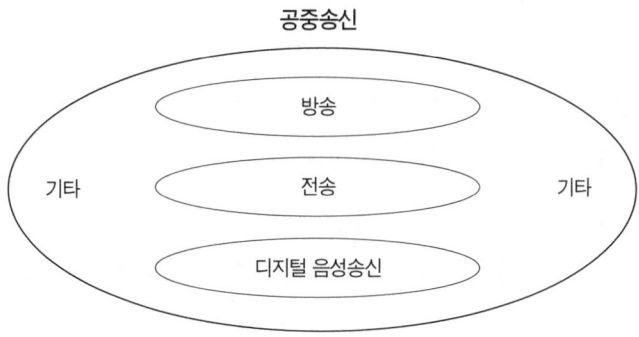

*출처 : 문화관광부·저작권심의조정위원회(2007), 『개정 저작권법 해설』, p. 19.

있지만 기존 저작권법에서는 방송과 전송이라는 두 가지 범주만 인정함으로써 저작권 보호에 한계가 드러났다는 판단이 작용했던 것으로 보인다.[31] 실제로 "그동안 개인 인터넷방송, 방송사의 방송물 동시 웹캐스팅 등 실시간 음악 웹캐스팅이 방송인지 아니면 전송인지 의견이 분분했던 점을 감안해서 이를 '디지털음성송신[32]'으로 규정하고 명확한 저작권 처리기준을 마련함으로써 저작권을 보호함은 물론 이용의 활성화도 동시에 도모할 수 있게 되었다"[33]는 것이 '공중송신' 정의 규정 신설의 이유였다. 그리하여 기존의 저작재산권으로서의 '방송권'과 '전송권'은 '공중송신권'으로 흡수되었다.

이러한 방송은 일반적으로 '방송사업자'에 의해 이루어지는데, 방송법에서 규정하고 있는 이러한 방송사업의 종류에는 다음과 같은 것들이 있다.

---

31) 김기태(2007), 『신저작권법의 해석과 적용』(파주: 세계사), p. 24.
32) 저작권법 제2조 제11호 : "디지털음성송신"은 공중송신 중 공중으로 하여금 동시에 수신하게 할 목적으로 공중의 구성원의 요청에 의하여 개시되는 디지털 방식의 음의 송신을 말하며, 전송을 제외한다.
33) 문화관광부·저작권심의조정위원회(2007), 『개정 저작권법 해설』, p. 19.

가. 지상파방송사업 : 방송을 목적으로 하는 지상(地上)의 무선국을 관리·운영하며 이를 이용하여 방송을 행하는 사업

나. 종합유선방송사업 : 종합유선방송국(다채널방송을 행하기 위한 유선방송국설비와 그 종사자의 총체를 말한다)을 관리·운영하며 전송·선로설비를 이용하여 방송을 행하는 사업

다. 위성방송사업 : 인공위성(人工衛星)의 무선설비를 소유 또는 임차하여 무선국을 관리·운영하며 이를 이용하여 방송을 행하는 사업

라. 방송채널사용사업 : 지상파방송사업자·종합유선방송사업자 또는 위성방송사업자와 특정 채널의 전부 또는 일부 시간에 대한 전용사용계약을 체결하여 그 채널을 사용하는 사업

이러한 방송사업을 담당하는 '방송사업자'는 또한 다음과 같이 나뉜다.

가. 지상파방송사업자

나. 종합유선방송사업자

다. 위성방송사업자

라. 방송채널사용사업자

마. 공동체라디오방송사업자[34]

그 밖에 중계유선방송[35], 음악유선방송[36], 전광판방송[37], 전송망사업[38] 등이

---

34) 공중선전력 10와트 이하로 공익목적으로 라디오방송을 하기 위하여 허가를 받은 자.

35) 지상파방송(방송을 목적으로 하는 지상의 무선국을 이용하여 행하는 방송을 말한다. 이하 같다) 또는 이 법에 의한 한국방송공사 및 특별법에 의하여 설립된 방송사업자가 행하는 위성방송(인공위성의 무선국을 이용하여 행하는 방송을 말한다. 이하 같다)이나 대통령령이 정하는 방송을 수신하여 중계송신(방송편성을 변경하지 아니하는 녹음·녹화를 포함한다)하는 것을 말한다.

있다. 그리고 이러한 방송은 그것이 구현되는 구체적인 매체에 따라 텔레비전방송[39], 라디오방송[40], 데이터방송[41], 이동멀티미디어방송[42] 등이 있다.

방송통신위원회가 펴낸 〈2009년 방송산업 실태조사〉에서는 방송업을 지상파방송업, 유선방송업, 위성방송업, 프로그램제작공급업, 기타방송업으로 분류하고 있다. 지상파방송은 텔레비전과 라디오, 지상파이동멀티미디어(지상파DMB)로 구분한다.

2008년 12월 현재 지상파텔레비전 방송사업자(TV와 라디오 채널 동시 운영 또는 TV채널만 운영하는 사업자)는 KBS, MBC와 19개의 지역 MBC, EBS, SBS를 포함한 11개 지역민방사업자 등 33개사다. 라디오 방송사업자(라디오 채널만 운영하는 사업자)는 2008년 YTN라디오, 부산영어방송, 광주영어방송이 개국해 14개 사업자가 되었다. 지상파이동멀티미디어 방송사업자는 지상파텔레비전 사업자인 KBS, MBC, SBS 이외에 YTN디엠비, 한국DMB, 유원미디어의 6개 사업자가 있다.

지상파방송은 사업의 성격에 따라 공영방송, 민영방송, 특수방송으로 구분하는데 KBS, MBC와 19개의 지역 MBC, EBS를 포함하는 24개의 사업자는 공영방송으로, SBS와 지역 민방을 포함하는 15개 사업자는 민영방송으로, 종교방송

---

36) 음반·비디오물 및 게임물에 관한 법률에 의하여 판매·배포되는 음반에 수록된 음악을 송신하는 것을 말한다.

37) 상시 또는 일정 기간 계속하여 전광판(電光板)에 보도를 포함하는 방송프로그램을 표출하는 것을 말한다.

38) 방송프로그램을 종합유선방송국으로부터 시청자에게 전송하기 위하여 유·무선 전송·선로설비를 설치·운영하는 사업을 말한다.

39) 정지 또는 이동하는 사물의 순간적 영상과 이에 따르는 음성·음향 등으로 이루어진 방송프로그램을 송신하는 방송.

40) 음성·음향 등으로 이루어진 방송프로그램을 송신하는 방송.

41) 방송사업자의 채널을 이용하여 데이터(문자·숫자·도형·도표·이미지 그 밖의 정보체계를 말한다)를 위주로 하여 이에 따르는 영상·음성·음향 및 이들의 조합으로 이루어진 방송프로그램을 송신하는 방송(인터넷 등 통신망을 통하여 제공하거나 매개하는 경우를 제외한다).

42) 이동중 수신을 주목적으로 다채널을 이용하여 텔레비전방송·라디오방송 및 데이터방송을 복합적으로 송신하는 방송.

(기독교방송, 평화방송, 불교방송, 원음방송, 극동방송)과 교통방송(서울특별시교통방송본부, 도로교통공단), 국악방송, 국제방송교류재단, 부산과 광주의 영어방송재단은 특수방송으로 분류한다. 비지상파 계열 지상파DMB 사업자 3개사는 민영방송으로 분류한다.

유선방송은 종합유선과 중계유선으로 구분한다. 종합유선방송사업자는 합병으로 전년에 비해 1개사가 줄었으나, 신규 사업자의 추가로 전년과 동일한 103개이며 중계유선방송사업자는 108개이다. 중계유선방송사업자의 경우 2001년 638개에서 매년 감소 추세를 보이고 있다. 종합유선방송사업자와의 합병 또는 폐업 등으로 인한 중계유선방송사업자 수의 감소 추세는 앞으로도 지속될 것으로 판단된다. 위성방송은 한국디지털위성방송(2002년 3월 개국)과 위성이동멀티미디어사업자인 티유미디어(2005년 5월 개국)가 있다.

여기서는 주로 지상파방송으로서의 텔레비전방송과 라디오방송을 중심으로 논의하고자 한다.

2) 방송저널리즘과 저작권 쟁점

저작권법에서는 방송을 저작물의 차원과 저작인접물의 차원으로 나누어 접근하고 있다. 즉, 저작자 또는 저작재산권자의 입자에서 보면 방송은 공중송신권의 대상이 되지만 방송사업자의 입장에서 보면 방송 자체가 곧 저작인접권의 대상이 되는 것이다.[43] 여기서 '방송사업자'란 "방송을 업으로 하는 자"(저작권법 제2조 제9호)를 가리키며, 저작인접권의 주체가 된다. 나아가 텔레비전 방송의 경우에는 방송사업자가 영상저작물제작자로서 또 다른 지위를 가질 수도 있다.

저작인접권(neighboring right)은 저작권(copyright)에서 파생한 권리이다.

저작권에 인접한, 저작권과 유사한 권리로서 저작물을 공중이 향유할 수 있도록 매개하는 데에 공헌한 사람들에게 부여한 권리를 말한다. 이러한 저작인접권은 감독이나 배우, 가수, 연주자 등의 실연자(實演者), 음반제작자 및 방송사업자에게 부여된다. 실연자, 음반제작자, 방송사업자는 저작물을 직접 창작한 사람은 아니지만, 특정 또는 불특정 다수로서의 공중이 창작물을 온전하고 풍부하게 누릴 수 있도록 매개하는 역할을 한다. 이들은 궁극적으로 저작물의 해석과 재현에 기여할 뿐만 아니라, 이런 행위가 없다면 비록 완벽한 저작물이라도 충분히 일반 이용자에게 전달되기 어렵기 때문에 저작인접권을 부여하여 보호하는 것이다. 저작인접권은 실연을 한 때, 음을 맨 처음 음반에 고정한 때, 방송을 한 때부터 발생하며 보호기간은 다음 해 1월 1일부터 기산하여 50년이다.[44]

---

43) 1986년 전부개정 저작권법에서는 다음과 같이 저작인접권을 도입하고 있다.

제61조(저작인접권) 다음 각 호 각 목의 1에 해당하는 실연·음반 및 방송은 저작인접권으로서 이 법에 의한 보호를 받는다.

1. 실연

가. 대한민국 국민(대한민국 법률에 의하여 설립된 법인 및 대한민국 내에 주된 사무소가 있는 외국법인을 포함한다. 이하 같다)이 행하는 실연

나. 제2호 각 목의 음반에 고정된 실연

다. 제3호 각 목의 방송에 의하여 송신되는 실연(송신 전에 녹음 또는 녹화되어 있는 실연을 제외한다)

2. 음반

가. 대한민국 국민을 음반제작자로 하는 음반

나. 음이 맨 처음 대한민국 내에서 고정된 음반

다. 대한민국이 가입 또는 체결한 조약에 따라 보호되는 음반

3. 방송

가. 대한민국 국민인 방송사업자의 방송

나. 대한민국 내에 있는 방송설비로부터 행하여지는 방송

44) 국제적으로는 이른바 로마협약(Rome Convention)으로 불리는 '실연자, 음반제작자 및 방송사업자의 보호를 위한 국제협약(International Convention for the Protection of Performers, Producers of Phonograms and Broadcasting Organization)'으로 저작인접권이 보호되고 있다. 이 협약에서는 제3조에서 '방송'을 가리켜 "공중에 의하여 수신되는 것을 목적으로 무선에 의한 음 또는 영상 및 음의 송신을 말한다"고 규정하고 있다.

현행 저작권법에서 규정하고 있는 '방송사업자의 권리'는 다음과 같다.

제84조(복제권) 방송사업자는 그의 방송을 복제할 권리를 가진다.

제85조(동시중계방송권) 방송사업자는 그의 방송을 동시중계방송할 권리를 가진다.

이러한 권리를 갖는 "방송을 업으로 하는 자"는 영리 또는 비영리를 불문하고 모든 방송사업자를 가리키므로 무선방송의 경우 KBS, MBC, SBS, OBS, CBS, 극동방송, 아세아방송, 교통방송, 불교방송, 평화방송 등과 함께 미 8군이 운영하는 AFKN 등이 있으며, 유선방송으로는 과거의 유선방송관리법에 따라 허가를 받은 각종 케이블 TV가 해당된다. 다만, 여기서의 '방송사업자'는 앞서 살핀 것처럼 지상파방송사업자, 종합유선방송사업자, 위성방송사업자, 방송채널사용사업자, 공동체라디오방송사업자 등으로 나뉘는 방송법에서의 '방송사업자'와는 일치하지 않는 개념임에 주의해야 한다.

다음으로 방송사에서는 영상저작물을 제작하는 경우가 많다. 저널리즘 영역의 뉴스 프로그램뿐만 아니라 다양한 텔레비전 프로그램들이 대부분 영상저작물에 해당하기 때문이다. 현행 저작권법 '제5장 영상저작물에 관한 특례'에 규정되어 있는 관련 조항을 살펴보면 다음과 같다.

제99조(저작물의 영상화)

① 저작재산권자가 저작물의 영상화를 다른 사람에게 허락한 경우에 특약이 없는 때에는 다음 각 호의 권리를 포함하여 허락한 것으로 추정한다.

1. 영상저작물을 제작하기 위하여 저작물을 각색하는 것

2. 공개상영을 목적으로 한 영상저작물을 공개상영하는 것

3. 방송을 목적으로 한 영상저작물을 방송하는 것

4. 전송을 목적으로 한 영상저작물을 전송하는 것

5. 영상저작물을 그 본래의 목적으로 복제·배포하는 것

6. 영상저작물의 번역물을 그 영상저작물과 같은 방법으로 이용하는 것

② 저작재산권자는 그 저작물의 영상화를 허락한 경우에 특약이 없는 때에는 허락한 날부터 5년이 경과한 때에 그 저작물을 다른 영상저작물로 영상화하는 것을 허락할 수 있다.

제100조(영상저작물에 대한 권리)

① 영상제작자와 영상저작물의 제작에 협력할 것을 약정한 자가 그 영상저작물에 대하여 저작권을 취득한 경우 특약이 없는 한 그 영상저작물의 이용을 위하여 필요한 권리는 영상제작자가 이를 양도 받은 것으로 추정한다.

② 영상저작물의 제작에 사용되는 소설·각본·미술저작물 또는 음악저작물 등의 저작재산권은 제1항의 규정으로 인하여 영향을 받지 아니한다.

③ 영상제작자와 영상저작물의 제작에 협력할 것을 약정한 실연자의 그 영상저작물의 이용에 관한 제69조의 규정에 따른 복제권, 제70조의 규정에 따른 배포권, 제73조의 규정에 따른 방송권 및 제74조의 규정에 따른 전송권은 특약이 없는 한 영상제작자가 이를 양도 받은 것으로 추정한다.

제101조(영상제작자의 권리)

① 영상저작물의 제작에 협력할 것을 약정한 자로부터 영상제작자가 양도 받는 영상저작물의 이용을 위하여 필요한 권리는 영상저작물을 복제·배포·공개상영·방송·전송 그 밖의 방법으로 이용할 권리로 하며, 이를 양도하거나 질권의 목적으로 할 수 있다.

② 실연자로부터 영상제작자가 양도 받는 권리는 그 영상저작물을 복제·배포·방송

또는 전송할 권리로 하며, 이를 양도하거나 질권의 목적으로 할 수 있다.

위의 규정에서 '영상제작자'는 저작권법 제2조 정의 규정에 따르면 "영상저작물의 제작에 있어 그 전체를 기획하고 책임을 지는 자"를 말한다. 따라서 자체 소유 인력과 제작시설을 사용하여 영상 프로그램을 기획하고 제작하여 완성하는 경우 해당 방송사는 영상제작자가 되는 것이다.

그 밖에도 방송사는 "법인·단체 그 밖의 사용자(이하 '법인 등'이라 한다)의 기획하에 법인 등의 업무에 종사하는 자가 업무상 작성하는 저작물"로서의 업무상저작물의 저작자가 될 수 있고, "편집물[45]로서 그 소재의 선택·배열 또는 구성에 창작성이 있는 것"으로서의 '편집저작물'의 저작자로서 보호 받을 수도 있다.

결국 저널리즘 영역에 속하는 방송프로그램이라 하더라도 텔레비전과 라디오로 구분하여 살펴보면 사뭇 다른 특성을 볼 수 있다. 텔레비전의 경우에는 저작인접권과 더불어 영상저작물에 관한 특례 및 편집저작물에 관한 규정이 적용된다면 라디오의 경우에는 저작인접권과 편집저작물에 관한 규정이 적용되는 것으로 판단된다. 아울러 외주제작 프로그램의 경우에는 계약 내용에 따라 다양한 법률관계가 성립될 수 있을 것이며, 출연자의 초상권(肖像權)을 비롯한 저작권 이외의 권리문제도 발생할 수 있을 것이다.

---

45) 저작권법 제2조 제17호 : "편집물"은 저작물이나 부호·문자·음·영상 그 밖의 형태의 자료(이하 "소재"라 한다)의 집합물을 말하며, 데이터베이스를 포함한다.

3. 인쇄저널리즘과 저작권

1) 인쇄매체의 역사적 배경과 특성

인쇄매체의 원형은 '출판(出版; publishing)'에서 비롯되었다. 베일리(H. S. Bailey)는 인쇄와 출판의 관계에 대하여, "인쇄(印刷; printing)는 건축과 마찬가지로 봉사의 예술이다. 인쇄는 출판에 봉사하고, 출판은 문명에 봉사한다"[46]고 하였다. 이 말은 곧 인쇄술이 단순히 출판 활동에만 국한되는 것이 아니라 문명 진보의 주요 조건으로 기능한다는 사실을 강조한 것이다. 결국 인쇄는 인류의 문화를 건설하기 위하여 출판을 포함한 인쇄매체에 봉사하는 수주(受注) 산업으로서 그 공정이 옛날이나 지금이나 매우 복잡하지만, 인쇄의 목적이나 내용으로 보아 다음과 같이 정의할 수 있다.

인쇄는 직접 또는 간접으로 지식·정보·경험 등 인류의 정신문화를 담은 원고를 보다 빨리, 다량으로, 싸고 정확하게 전달·보존할 목적으로 판을 개입하여 종이, 그 밖의 피인쇄체 위에 색재(色材)로 문자·사진 등을 인상(印象)하는 행위이다.[47]

이처럼 매체의 복제행위에 있어서 활자의 사용은 전달 내용을 정확하고도 동일하게 표현할 수 있는 기술을 앞당겼다. 따라서 내용의 분량, 내용의 조직과

---

46) Hebert S. Bailey, The Art and Science of Book Publishing(Austin: University of Texas Press, 1970), p. 195.
47) 오경호 편저(1989), 『인쇄커뮤니케이션입문』(서울: 범우사), p. 44.

배열, 내용체제의 통일성, 매체규격의 통제는 물론, 그 보급과 보존 등의 능률성 측면에서 새로운 영역을 열었다.[48]

활자와 인쇄술이 실현된 최초의 증거는 한국과 중국에서 찾을 수 있다. 한국에서는 751년경의 것으로 추정되는, 조판(雕版)[49]에 의한 인쇄 현물인『무구정광대다라니경(無垢淨光大陀羅尼經)』이 1966년에 발견되었다. 또 1234년경에는 최초로 금속활자를 써서『고금상정예문(古今詳定禮文)』 50부를 인쇄했다는 문헌 근거가 있다.[50] 그런데 동양의 복제 범위는 주로 전래 관습과 그 옛일을 통한 수양법(修養法)을 다룬 독경 수단(讀經手段)이 많았다. '생활의 교육'이 아닌 '심성(心性)의 교육'을 중시했기 때문이다. 그래서 옛적의 교육기관도 글방 또는 서당(書堂), 서원(書院)이라 하여 서적을 배우는 곳이 곧 학교를 의미하고 있을 정도였다.[51] 따라서, 서적은 '숭고한 가치' 그 자체였으며, 스승의 위치에 자리한 권위주의적 존재였다. 그러므로 서적의 상업적인 거래나 유통행위는 쉽게 이루어지지 않았으며, 더구나 이윤 추구로서의 서적출판 행위와는 거리가 멀었다. 긍정적으로 말하여, 특별한 숭서이념(崇書理念) 때문이었다고 볼 수 있다. 책은 상품적인 거래를 떠나 정신적 가치의 '결정판'으로서 귀한 존재였던 것이다. 이러한 이념은 결과적으로 인쇄기술을 기업 또는 상업적으로 응용, 발전시키는 것으로부터 벗어나게 된 요인으로 작용하였다.[52]

이에 반해 유럽을 비롯한 서양 사회에서는 구텐베르크에 의한 활자 개발과 그 인쇄술 발명에 힘입어 복제술의 탁월한 생산성을 그들의 커뮤니케이션 활동

48) 이종국(1995), 「출판본질론」, 범우사기획실 편, 『출판학원론』,(서울: 범우사), p. 83.

49) 나무판에 문자를 새김. 또는 문자가 새겨진 나무판(木板·木版). 이러한 판을 각판(刻版), 침판(浸版)이라고도 한다. 천혜봉(1993), 『한국서지학』(서울: 민음사), p. 73.

50) 李奎報, 「東國李相國集後集」, 卷十一 新印詳定禮文跋序, 代晉陽公行.

51) 이종국(1995), 「한국의 교과서 출판과 교과서 출판정책(The Textbook Publishing and the Textbook Policy of Korea」, 제7회 국제출판학술회의 주제발표 논문, 필리핀: 마닐라, p. 1.

52) 이종국(1995), 「출판본질론」, 범우사기획실 편, 앞의 책, pp. 84~85.

에 끌어들였다. 그들은 양피지(羊皮紙; parchment)의 비경제성과 비효율성을 분석하였으며, 동양에서 건너간 종이에 성서(聖書)를 복제하고 작가들의 작품을 복제하였다. 구텐베르크의 영향은 마침내 정보의 대중적 공개를 촉구하게 되었으며 나아가 전문출판인, 서적상 등의 자본주의적 전문기업가들도 탄생을 보게 되었다.[53]

물론 인쇄술이 서구 사회의 문명에 미친 영향 또한 막대한 것이었다. 아이젠시타인(Elizabeth L. Eisenstein)은 이에 관하여 다음과 같이 기술하고 있다.

인쇄술은 텍스트의 생산과 배포, 사용되는 상황 등에 변화를 초래하기는 했으나, 그것은 필사(筆寫)문화의 산물을 없애 버린 것 때문이 아니라 과거에는 도저히 생각도 할 수 없을 만큼 대량으로 재생함으로써 초래된 변화였다. 필사문화가 시대에 뒤떨어지는 한편, 그 상황을 반영하는 텍스트가 점점 더 많이 나타났으며, 다른 시대에 나타나는 또 다른 정신이 때를 같이하여 탄생되었다.[54]

이처럼 아이젠시타인은 인쇄술의 발명이 유럽에 있어서 르네상스와 종교개혁에 미친 영향이 큼을 설명하고 있다. 물론 전적으로 인쇄술 때문에 유럽의 획기적인 변화가 가능했다는 것이 아니라 점진적으로 진행되어 오던 변화의 기운이 인쇄술과 합쳐지면서 그 변화에 가속도가 붙었다는 뜻이다.

한편, 매클루언(Herbert Marshall McLuhan)은 "미디어는 곧 메시지"라고 주장한다. 이 명제는 매클루언 이론의 전반에 걸쳐 일관되게 나타나고 있으며, 특히 인류 문명과 역사 발전과정을 여기에 근거해서 설명한다. 그는 메시지란 어

---

53) 이종수(1993), 「출판문화의 생성과 변천」, 이종수·임동욱 외, 『현대사회와 출판』(서울: 도서출판 말길), pp. 95~98 참조.
54) Elizabeth L. Eisenstein(1983), THE PRINTING REVOLUTION IN EARLY MODERN EUROPE(NY: Cambridge University Press), pp. 113~114.

디까지나 '매체를 통해서 전달되는 내용'이라고 이해하고 있는 일반적인 상식을 거부한다. 달리 말하면 테크놀로지와 직결되는 미디어 자체가 그 내용인 메시지보다 더 중요하다는 뜻을 내포하고 있다. 또한 매클루언은 매체라는 개념을 단순한 매스 미디어에 국한시키지 않고 훨씬 넓은 의미에서 인간이 만들어낸 모든 도구나 기술까지도 포함하고 있다. 즉, 인간의 신체 및 감각기관의 기능을 확장한 것은 모두 매체라고 보고 있는 것이다. 따라서 자동차는 다리의 확장이며, 문자는 시각의 확장, 의복은 피부의 확장, 전자회로는 중추신경의 확장으로 보고 이를 모두 매체라고 부른다.

결국 문제가 되는 것은 매체가 전달하는 내용이지 매체 자체는 아무런 영향력이 없다는 종래의 이론에 정면으로 도전한 셈이다. 그리하여 매스 미디어의 내용도 그것을 전달하는 매체의 테크놀로지와 분리해서 생각할 수 없으며, 실제로 인간이나 사회에 영향을 미치는 것은 그 내용이 아니라 매체라는 점을 강조하고 있다. 즉, 모든 매체는 그 내용이 인간 생활에 영향을 미치기 이전에 그 매체 자체가 인간이나 사회에 영향을 미치고 있다는 것이다. 그러면서도 매체의 효과가 그 내용에 의해 보다 강화된다는 점을 부정하지는 않는다.

또한 매클루언은 모든 미디어의 내용은 항상 또 다른 하나의 미디어가 된다고 한다. 즉, 필기(writing)의 내용은 연설(speech)이고 인쇄물의 내용은 거기에 씌어진 말(written word)이며 전신(電信)의 내용이기도 하다. 연설의 내용은 실제의 사고과정(actual process)이며, 그 과정 자체는 비언어적이라는 것이다. 따라서 인간의 상호관계와 행위를 형성하고 통제하는 것은 매체 자체라고 강조하고, 매체의 내용에 너무 관심을 기울인 나머지 매체 자체의 특성이나 중요성을 지나쳐서는 안 된다고 주장한다. 매체 자체는 그것이 전달하는 내용의 영향을 받지 않는다는 것이 그 이론의 특색이며 난해한 점이기도 하다.[55]

지금까지 살펴본 인쇄매체의 특성은 다음과 같이 요약할 수 있다.[56]

첫째, 인쇄매체는 인간의 눈에 호소하는 수단으로, 눈과 귀에 호소하는 시청각매체에 비하여 기호에 의한 제약성이 많다는 점이다. 인간의 각 연령 단계에 맞는 지적 수준을 가진 눈, 즉 문자의 해독력, 그림이나 사진의 감상력이 요구되는 것이다. 따라서 수용자의 참여성(participationality)은 아주 폭이 좁은 것으로 나타나 있다.

둘째, 인쇄매체는 다른 매체에 비하여 지속성(permanence)이 높다는 점이다. 물론 수용자의 취미나 기호에 따라 메시지 내용을 받아들이는 수준의 차가 있어 각각의 지속성이 다르겠지만, 오래 두고 이해될 때까지 충분히 보는 것이 인쇄매체의 특징이다. 반면에 시청각매체는 기계 작동에 의해 화면이나 브라운관에 주사(走査)되므로 일과성(一過性)이 높다. 즉, 인쇄매체는 휴대와 보관이 쉽기 때문에 수용자가 시간적 여유를 두고 형편과 필요에 따라 메시지를 선택해 가며 볼 수 있다. 한 페이지, 한 장, 한 편, 한 권 또는 특정 지면 등 수용자의 지적 수준에 맞추어 다양한 독서 방법을 선택하여 필요에 따라 정신적 여유를 누릴 수 있다는 점에서 재독가능성(reviewability)이 높다고 할 수 있다.

이처럼 도서(book)로 대표되어 오던 인쇄매체는 종교혁명, 인권혁명, 산업혁명 등 근대화를 향한 역사적 격변기가 찾아들면서 점차 정보성과 더불어 속보성을 띤 저널리즘 성향을 갖추면서 '잡지'와 '신문'이라는 새로운 매체 형식으로서의 매스 미디어를 탄생시키게 되었다.

---

55) Herbert Marshall McLuhan(1994), Understanding Media—The Extensions of Man(Cambridge: The MIT Press).
56) 오경호 편저(1989), 앞의 책, pp. 29~31 참조.

2) 인쇄저널리즘의 유형

저널리즘의 초창기를 이룬 것은 서구의 경우 초기 근대적 형태의 신문(新聞; press)이었으며, 이러한 신문이 사실에 대한 수집과 전달 행위를 근간으로 운영되면서 비로소 저널리즘의 골격이 갖추어졌다고 볼 수 있다. 그러나 본격적인 저널리즘은 시민계급의 등장으로 시민적 공론장이 형성되면서 신문들이 앞다투어 사회적·문화적·정치적 사안에 대한 의견을 개진하고 비평 혹은 비판을 가함으로써 저널리스트들이 '문필가(文筆家)' 역할을 담당하면서 출발했다는 견해도 있다. 그러다가 19세기 중반에 신문이 대중매체[57]로 전환하고, 의견(opinion)을 개진하는 정론지에서 정보(information)를 전달하는 소식지로 성격이 변하면서 저널리스트의 역할도 '문필가'로서의 그것보다는 편집자 혹은 게이트키퍼(gatekeeper)[58]로서의 기능으로 전환되기 시작하였다.

오늘날 그 영역이 많이 축소되고 있지만, 위에서 언급한 것처럼 저널리즘을 구현한 전통 매체는 '신문'임에 틀림없다. 현행 '신문 등의 진흥에 관한 법률'에 따르면 '신문'이란, "정치·경제·사회·문화·산업·과학·종교·교육·체육 등 전체 분야 또는 특정 분야에 관한 보도·논평·여론 및 정보 등을 전파하기 위하여 같은 명칭으로 월 2회 이상 발행하는 간행물"을 말한다. 이 같은 신문에는 구체적으로 다음과 같이 일반일간신문, 특수일간신문, 일반주간신문, 특수주간신문 등이 있다.

---

57) 1830년대에 등장한 'penny press'를 그 출발로 볼 수 있다.

58) 커뮤니케이션의 관문을 지키는 사람이란 뜻. 신문 제작의 경우, 취재기자→데스크→편집부 기자를 거치는 동안 각각 독특한 방법으로 사건이나 사태의 문안에 대하여 가필·정정·생략 또는 보류되는 등의 조작이 이루어진다. 방송의 경우 생방송(물론 이것도 계획된 것이지만) 이외에는 VTR이나 필름이 편집된다. 현대에 있어서 게이트키퍼는 엄격하게 '자율규제'된 의식·사상 등에 의하여 빈틈없이 기능하고 있으며, 뉴스가 이 관문을 통과해서 나간다. 두산백과사전 EnCyber&EnCyber.com.

-일반일간신문 : 정치·경제·사회·문화 등에 관한 보도·논평 및 여론 등을 전파하기 위하여 매일 발행하는 간행물

-특수일간신문 : 산업·과학·종교·교육 또는 체육 등 특정 분야(정치를 제외한다)에 국한된 사항의 보도·논평 및 여론 등을 전파하기 위하여 매일 발행하는 간행물

-일반주간신문 : 정치·경제·사회·문화 등에 관한 보도·논평 및 여론 등을 전파하기 위하여 매주 1회 발행하는 간행물(주 2회 또는 월 2회 이상 발행하는 것을 포함한다)

-특수주간신문 : 산업·과학·종교·교육 또는 체육 등 특정 분야(정치를 제외한다)에 국한된 사항의 보도·논평 및 여론 등을 전파하기 위하여 매주 1회 발행하는 간행물(주 2회 또는 월 2회 이상 발행하는 것을 포함한다)

따라서 모든 신문이 저널리즘 영역에 속한다고 할 수는 없는 것으로 보인다. 특정 범주의 구성원을 위한 소식지 형식이거나 정보성 및 오락성이 강한 내용을 주로 다룬다면 저널리즘을 구현한 것으로 보기 어렵기 때문이다.

한편, '잡지 등 정기간행물의 진흥에 관한 법률'에서 규정하고 있는 '정기간행물'이란 "동일한 제호로 연 2회 이상 계속적으로 발행하는 간행물로서 '신문 등의 자유와 기능보장에 관한 법률' 제2조에 따른 신문을 제외한 것"을 말하며, 저널리즘 영역에서는 '잡지(雜誌)'가 여기에 해당한다. 법적으로 잡지란 곧 "정치·경제·사회·문화·시사·산업·과학·종교·교육·체육 등 전체 분야 또는 특정 분야에 관한 보도·논평·여론 및 정보 등을 전파하기 위하여 동일한 제호로 월 1회 이하 정기적으로 발행하는 책자 형태의 간행물"을 가리킨다.[59] 이러한 잡지는 해당 법률 규정에 따라 등록해야 한다.[60] 나아가 신문과 마찬가지

---

59) 잡지 등 정기간행물의 진흥에 관한 법률 제2조(정의).

로 모든 잡지가 저널리즘을 구현하고 있지는 않으므로 내용상 분류에 있어 구별할 필요가 있을 것이다.

그 밖에 잡지와 유사하지만 "보도·논평 또는 여론 형성의 목적 없이 일상생활 또는 특정 사항에 대한 안내·고지 등 정보 전달의 목적으로 발행되는 간행물"은 '정보간행물'로 분류하며, "통신망을 이용하지 아니하고 컴퓨터 등의 정보처리장치를 이용하여 읽거나 보고 들을 수 있도록 전자적으로 발행한 간행물"은 '전자간행물'로, "월 1회 이하 발행되는 간행물 중 책자 형태가 아닌 간행물"은 '기타간행물'로 달리 부르고 있다. 이러한 간행물들은 잡지와는 달리 신고만 하면 된다.[61)

---

60) 잡지 등 정기간행물의 진흥에 관한 법률 제15조(등록)

① 잡지를 발행하고자 하는 자는 대통령령으로 정하는 바에 따라 다음 각 호의 사항을 주된 사무소의 소재지를 관할하는 시·도지사에게 등록하여야 한다. 등록된 사항을 변경하고자 할 때에도 또한 같다. 다만, 국가 또는 지방자치단체가 발행 또는 관리하거나 법인, 그 밖의 기관·단체가 그 소속원에게 무료로 보급할 목적으로 발행하는 경우와 대통령령으로 정하는 잡지는 그러하지 아니하다.

1. 제호

2. 종별 및 간별

3. 발행인 및 편집인의 성명, 생년월일, 주소. 다만, 외국 잡지의 내용을 변경하지 아니하고 국내에서 그대로 인쇄·배포하는 경우를 제외한다.

4. 발행소 및 발행소의 소재지

5. 발행목적과 발행내용

6. 무가 또는 유가 발행의 구분

② 제1항에 따라 등록을 하고자 하는 자가 법인 또는 단체인 경우 대표이사 또는 대표자를 발행인으로 하여야 한다. 다만, 대표이사 또는 대표자를 발행인으로 할 수 없는 정당한 사유가 있는 경우에는 이사회의 의결을 거쳐 다른 이사나 임원을 발행인으로 할 수 있다.

③ 제1항에 따라 잡지를 등록하고자 하는 자는 등록사항 중 간별을 다음 각 호의 구분에 따라 명시하여야 한다.

1. 월간

2. 격월간

3. 계간

4. 연 2회간

④ 시·도지사가 제1항에 따라 잡지를 등록한 때에는 지체 없이 등록신청인에게 등록증을 교부하여야 한다.

⑤ 이미 등록된 잡지의 제호와 동일한 제호의 잡지는 등록할 수 없다.

3) 인쇄저널리즘과 저작권 쟁점

기본적으로 신문과 잡지는 그 자체가 '편집저작물'이다. 현행 저작권법에서는 '편집물'과 '편집저작물'에 대하여 규정하고 있는데, 먼저 편집물(編輯物; compilation)이란 그것의 저작물성, 즉 저작권의 보호대상 여부에 관계없이 소재들(저작물이나 부호·문자·음·영상 그 밖의 형태의 자료)을 모아놓은 것(집합물)을 말하며, "소재를 체계적으로 배열 또는 구성한 편집물로서 개별적으로 그 소재에 접근하거나 그 소재를 검색할 수 있도록 한 것"으로 정의되는 데이터베이스를 포함하는 개념이다. 이러한 편집물이 저작권 보호대상 여부와 관계가 없다면 편집저작물(編輯著作物; edited work 또는 compiled work)이란 "편집물로서 그 소재의 선택 및 배열 또는 구성에 창작성이 있는 것"을 말하며 저작권법에 따라 독자적인 저작물로 보호된다. 여러 개의 저작물 또는 여러 가지의 자료를 특정한 의도에 따라 정리하고 배열하여 만들어 낸 저작물로 영화나 방송 프로그

---

61) 잡지 등 정기간행물의 진흥에 관한 법률 제16조(신고)

① 정보간행물·전자간행물 또는 기타간행물(이하 "잡지외간행물"이라 한다)을 발행하고자 하는 자는 대통령령으로 정하는 바에 따라 해당 잡지외간행물을 발행하는 소재지를 관할하는 특별자치도지사·시장·군수·구청장(자치구의 구청장을 말한다. 이하 같다)에게 다음 각 호의 사항을 신고하여야 한다. 신고한 사항을 변경하고자 할 때에도 또한 같다. 다만, 국가 또는 지방자치단체가 발행 또는 관리하거나 법인, 그 밖의 기관·단체가 그 소속원에게 무료로 보급할 목적으로 발행하는 경우와 대통령령으로 정하는 잡지외간행물은 그러하지 아니하다.

1. 제호

2. 종별 및 간별

3. 발행인 및 편집인의 성명, 생년월일, 주소. 다만, 외국 잡지의 내용을 변경하지 아니하고 국내에서 그대로 인쇄·배포하는 경우를 제외한다.

4. 발행소 및 발행소의 소재지

5. 발행목적과 발행내용

6. 무가 또는 유가 발행의 구분

② 잡지외간행물의 신고에 관하여는 제15조 제2항부터 제5항까지의 규정을 준용한다. 이 경우 "잡지"는 "정보간행물·전자간행물 또는 기타간행물"로, "시·도지사"는 "특별자치도지사·시장·군수·구청장"으로, "등록"은 "신고"로, "등록증"은 "신고증"으로 본다.

램의 편성도 이에 해당하며, 출판물에서는 신문·잡지 등의 정기간행물을 비롯하여 학술·문예 작품집이나 사전·연감·시가집·법령집 등이 이에 해당한다.

한편, 편집저작물은 소재의 집합물이라는 특수성 때문에 일반적인 저작물과는 다른 성질을 띠고 있다. 즉, 여러 소설가의 단편소설을 모아 한 권의 작품집으로 묶었다면 그것은 편집저작물인 동시에 어문저작물이 되며, 요사이 유행하는 가요들을 묶어 최신가요집을 펴냈다면 그것은 편집저작물인 동시에 음악저작물이 되는 것이다. 또한 편집저작물은 구체적인 저작물의 편집물일 수도 있지만 저작물이 아닌 단순한 사실이나 자료만을 모은 것일 수도 있다. 예를 들어 문학전집 또는 선집·백과사전·신문·잡지 등은 저작물의 편집물이며, 국어사전 또는 영어사전이나 전화번호부 등은 단순한 사실이나 자료의 편집물이다.

그런데 편집저작물의 보호는 그 편집방법에 있어서 아이디어를 보호하는 것이 아니라 편집물에 구현된 편집형식의 창작성을 보호하는 것이다. 따라서 누군가가 서울 지역에서 발행되는 특정 신문 또는 잡지의 편집방법을 모방하여 부산 지역 독자들을 위한 다른 내용의 신문 또는 잡지를 발행하였다면 그것은 내용 자체가 전혀 다른 것이므로 편집저작물로서의 저작권 침해가 성립하지 않는다. 아울러 편집저작물의 구성부분이 되는 원저작물 저작자의 허락을 얻지 않은 무단의 것이라도 그 편집저작물 자체는 보호를 받으며, 제3자의 침해에 대해서도 권리 주장을 할 수 있다. 그러나 2차적저작물과 마찬가지로 편집저작물의 저작자가 원저작자의 권리를 침해하였다면 그에 따른 책임은 별도로 발생한다. 따라서 편집저작물을 작성하고자 한다면 그것의 구성부분이 되는 저작물의 저작자로부터 일일이 허락을 얻어야만 정당한 권리가 생긴다.

결국, 편집저작물의 저작자가 권리를 주장할 수 있는 것은 제3자가 그것과 유사한 편집저작물을 무단으로 작성해서 이용했을 경우에 한정되며, 편집저작물 중의 일부 저작물만을 누군가가 무단으로 이용했을 경우에는 그 저작물의 원저작자의 권리만이 미친다. 다만, 신문이나 잡지의 경우에는 대부분의 내용이 재직 종업원으로서의 기자들이 작성한 '업무상저작물'로서 해당 언론사에 저작권이 주어진다는 점에서, 청탁에 의하여 외부 필자가 작성한 저작물을 제외하고 이용허락 없이 일부만 가져다 쓰는 경우에도 언론사의 저작권을 침해하는 행위가 될 수 있으므로 주의하여야 한다.

다음과 같은 보도기사 및 통계자료를 보면 언론사 저작권 침해 실태가 매우 심각하다는 사실을 짐작할 수 있다.

"뉴스 콘텐츠 불법 이용 실태 심각"

신문 산업 전반이 갈수록 어려워지고 있는 가운데, 뉴스 콘텐츠(신문기사)에 대한 정부 및 공공기관의 불법 이용 실태가 매우 심각한 것으로 드러났다.

김성동(한나라당) 의원실이 최근 한국언론진흥재단으로부터 제공받아 분석한 자료에 따르면 정부 및 공공기관의 뉴스저작권 위반율(2009년도 기준)이 93.2%, 기업체의 위반율이 95.6%에 이르는 것으로 나타났다.

뉴스 콘텐츠 불법 사용에 따른 피해액도 뉴스 판매시장 가격(기사 1건당 1년치 기사 사용료 10만 원)을 기준으로 총 400억 원을 초과하는 것으로 나타났다. 이는 국내 10위 신문사의 한 해 매출액과 맞먹는 규모이다. 기관별 뉴스 콘텐츠 불법 사용액은 정부기관 53억 원, 공공기관 303억 원, 기업체 58억 원이다(2009년 기준).

이에 따라 최근 정부는 뉴스저작권 보호와 뉴스저작물 유료 이용 활성화를 위한 예산 24억 원을 내년도 예산안에 신규 편성했다. 김성동 의원은 이에 대해 "뉴스 콘텐츠 불법 사용액 규모가 총 356억 원(2009년 기준)이나 되는 데 반해 편성 예산은 지나치게 적다"고 비판했다. 정달식 기자

＊출처 : 〈부산일보〉 5면 입력시간: 2010-10-01 [10:54:00]

<표 2> 정부 및 공공기관의 뉴스 저작권 침해 현황

구분	뉴스 사용기관 수	뉴스 저작권 침해기관 수	위반율(%)
정부 및 공공기관	965	900	93.2
기업체	640	612	95.6
계	1,605	1,512	94.2

* 출처 : 김성동의원실 홈페이지(한국언론진흥재단 자료 제공, 2009년 기준).

또한 저작권법에서 규정하고 있는 '보호받지 못하는 저작물'로서의 '사실의 전달에 불과한 시사보도'에 대한 오해도 저널리즘 저작물의 이용에 혼란을 가져다주고 있다. 앞서 살핀 바와 같이 어떤 저작물의 저작권을 인정하는 가장 기본적인 기준은 '창작성'에 있다. 아울러 저작물 작성자의 권리 못지않게 공공적인 이익도 무시할 수 없기에 저작권법은 공익적 차원에서 '보호받지 못하는 저작물'의 유형을 예시하고 있다. 따라서 특별한 창작성보다는 광범위하면서도 신속하게 일반 국민들로 하여금 알게 할 목적으로 신문이나 방송 등의 대중매체에 싣는 단순한 시사보도에 대해서는 저작권을 인정하지 않는다고 규정하고 있는 것이다.

우리 법원의 판례[62]에 따르면, "저작권법 제7조는 '다음 각 호의 1에 해당하는 것은 이 법에 의한 보호를 받지 못한다'고 규정하여 일정한 창작물을 저작권법에 의한 보호대상에서 제외하면서 제5호에 '사실의 전달에 불과한 시사보도'를 열거하고 있는바, 이는 원래 저작권법의 보호대상이 되는 것은 외부로 표현된 창작적인 표현형식일 뿐 그 표현의 내용이 된 사상이나 사실 자체가 아니고, 시사보도는 여러 가지 정보를 정확하고 신속하게 전달하기 위해 간결하고

---

62) 대법원 2006.9.14. 선고, 2004도5350 판결 참조.

정형적인 표현을 사용하는 것이 보통이어서 창작적인 요소가 개입될 여지가 적다는 점 등을 고려하여, 독창적이고 개성 있는 표현 수준에 이르지 않고 단순히 '사실의 전달에 불과한 시사보도'의 정도에 그친 것은 저작권법에 의한 보호대상에서 제외한 것이라고 할 것이다"라고 한다.

결국 국민들의 일상 속에서 일어나는 사실들을 단순히 전달하는 것에 불과한 경우에는 저작권 보호의 기준이 되는 창작성 자체가 결여되어 있다는 판단도 함께 작용한 것으로 보인다. 그러므로 대중매체에 실린 저작물이 단순한 사실의 전달이 아닌 칼럼이나 사설, 또는 분석기사나 해설기사, 그리고 각종 문예물이나 그림, 만화, 도표 또는 투고 등과 같이 기자 또는 개인의 견해가 창작적으로 표현된 저작물이라면 당연히 저작권 보호의 대상이 된다.

4. 인터넷저널리즘과 저작권

1) 인터넷저널리즘의 유형

　인터넷저널리즘이 구현된 매체로 대표적인 것은 '인터넷신문'이다. 신문 등의 진흥에 관한 법률 제2조 정의 규정에 따르면 '인터넷신문'이란, "컴퓨터 등 정보처리능력을 가진 장치와 통신망을 이용하여 정치·경제·사회·문화 등에 관한 보도·논평 및 여론·정보 등을 전파하기 위하여 간행하는 전자간행물로서 독자적 기사 생산과 지속적인 발행 등 대통령령으로 정하는 기준[63]을 충족하는 것"을 말한다. 아울러 '인터넷뉴스서비스'란, "신문, 인터넷신문, '뉴스통신진흥에 관한 법률'에 따른 뉴스통신, '방송법'에 따른 방송 및 '잡지 등 정기간행물의 진흥에 관한 법률'에 따른 잡지 등의 기사를 인터넷을 통하여 계속적

---

63) 신문 등의 진흥에 관한 법률 시행령 제2조(인터넷신문)

　① 「신문 등의 진흥에 관한 법률」(이하 '법'이라 한다) 제2조 제2호에서 "독자적 기사 생산과 지속적인 발행 등 대통령령으로 정하는 기준"이란 다음 각 호의 기준을 말한다.

　　1. 독자적인 기사 생산을 위한 요건으로서 다음 각 목의 요건을 모두 충족할 것

　　　가. 취재 인력 2명 이상을 포함하여 취재 및 편집 인력 3명 이상을 상시적으로 고용할 것

　　　나. 주간 게재 기사 건수의 100분의 30 이상을 자체적으로 생산한 기사로 게재할 것

　　2. 지속적인 발행요건으로서 주간 단위로 새로운 기사를 게재할 것

　② 제1항 제1호 나목에도 불구하고 다음 각 호의 어느 하나에 해당하는 자의 계열회사(「독점규제 및 공정거래에 관한 법률」 제2조 제3호에 따른 계열회사를 말한다)가 다음 각 호의 자가 생산하는 기사를 인터넷을 통하여 일반에 제공하는 경우에는 자체적으로 생산한 기사가 100분의 30 미만인 경우에도 제1항 제1호 나목의 기준을 충족한 것으로 본다.

　　1. 신문사업자

　　2. 「잡지 등 정기간행물의 진흥에 관한 법률」 제2조 제1호 가목 또는 라목에 따른 잡지 또는 기타간행물을 발행하는 자

　　3. 「뉴스통신진흥에 관한 법률」 제2조 제2호에 따른 뉴스통신사업을 영위하는 자

으로 제공하거나 매개(媒介)하는 전자간행물"을 말한다. 여기서 '전자간행물 (電子刊行物)'이란, '잡지 등 정기간행물의 진흥에 관한 법률'에 따르면 "통신 망을 이용하지 아니하고 컴퓨터 등의 정보처리장치를 이용하여 읽거나 보고 들을 수 있도록 전자적으로 발행한 간행물"을 가리킨다. 다만, '전기통신사업법'에 따른 부가통신사업자가 아닌 자가 인터넷을 통하여 언론의 기사를 계속적으로 제공하거나 매개하는 전자간행물은 인터넷뉴스서비스에서 제외된다.

또한 인터넷뉴스서비스를 담당하는 매체로는 '인터넷신문'과 더불어 웹진 (web zine)이 있다. 월드 와이드 웹(world wide web)과 잡지(magazine)의 합성어로 인터넷 상에서 발간되는 잡지를 가리키는 '웹진'은 기존의 종이매체에서 과감하게 탈피하여 매체의 특성을 적극 활용하여 멀티미디어적 요소의 도입, 독자와의 쌍방향 커뮤니케이션 등을 통하여 독자들의 호응을 얻고 있는 중이다.

이 같은 인터넷신문과 웹진 못지않게 위력을 발휘하는 매체로는 인터넷 포털사이트(internet portal site)를 들 수 있다. "인터넷 사용자가 원하는 정보를 얻기 위해 반드시 거쳐야 하는 사이트"로 요약되는 포털사이트는 '포털 (portal)'이 '현관문'이라는 의미를 갖고 있다는 점에서 알 수 있는 것처럼 정보검색 서비스나 커뮤니티와 같이 사용자가 정기적으로 이용할 수 있는 서비스를 제공한다. 이렇게 함으로써 고정 방문객을 확보하여 인터넷 비즈니스로 연결하게 되는데, 실제로 무한대의 가상공간(cyber space)에서 커뮤니티를 형성시켜 더 많은 등록사용자와 홈페이지 사용량을 확보할 경우 광고 수입과 사용자 정보를 활용한 마케팅 수입이 커지게 된다. 이러한 특성 때문에 전 세계 주요 인터넷 서비스 및 콘텐츠 제공업체들은 자사의 인터넷 사이트를 최대 포털사이트로 키우는 데 전력하고 있다.

그 밖에 블로그[64] 저널리즘(Blog Journalism)은 블로그를 통하여 각 개인이 뉴스 생산의 주체가 되는 현상을 뜻한다.[65] 일반 대중, 즉 아마추어 저널리스트에 의하여 뉴스가 생산 및 편집·유통되는 이른바 '시티즌 저널리즘'과 달리, 블로그 저널리즘에서는 프로페셔널 저널리스트와 저널리즘을 지향하고 표방하는 아마추어 저널리스트 모두가 '블로거(blogger)'라는 이름 아래 동등한 위치에서 뉴스를 생산하고 편집하며 유통한다. 궁극적으로는 프로페셔널 저널리스트와 아마추어 저널리스트의 상호작용 속에서 프로암 저널리스트(Pro-Am Journalist)층이 두터워지고, 이들을 통해 뉴스가 생산되고, 이들의 뉴스를 대중이 소비하는 것이 블로그 저널리즘의 목표라고 할 수 있다. 이 같은 현상은 시티즌 저널리즘이 기성 프로페셔널 저널리즘을 배제한 '대안 저널리즘'을 표방한 것과는 달리 블로그 저널리즘이 기성 프로페셔널 저널리즘과의 공생을 꾀한 결과라고도 볼 수 있다.

물론 아직 블로그 저널리즘은 미숙한 상황이며, 얼마 되지 않는 이른바 '파워 블로거'들이 독립적으로 뉴스를 생산하는 형태에 머물고 있는 것으로 보인다. 다만, 최근에 들어와 기성 언론사들의 블로그 서비스를 중심으로 아마추어 저널리스트와 프로페셔널 저널리스트가 함께 블로그스피어(blogsphere)[66]를 구성하는 경우를 볼 수 있다.[67] 이 경우 블로그스피어의 최종적인 관리자가 블로거들이 아닌 언론사라는 점에서 블로거 자력에 의한 뉴스의 생산 및 편집·유통이라는 블로그 저널리즘의 속성에서 어긋나는 측면이 엿보인다. 하지만 프로

---

64) 웹(web)과 항해 일지를 뜻하는 로그(log)의 합성어로, 웹 사이트 주인인 블로거(blogger)가 발행인이자 편집국장이며 기자이기도 한 인터넷상의 일인 언론사. 게시판 형식의 사이트에 자신의 일상적인 일기에서부터 사회적인 이슈에까지 개인이 자유롭게 글과 사진, 동영상 등을 올려 디지털 논객, 온라인 저널리스트로서 미디어 커뮤니티를 이끌어 간다. 네이버 용어사전.

65) 위키백과 참조.

66) 공간적 의미인 사이버스페이스와 달리 상호 연결을 통해 특유의 문화를 형성한다는 뜻의 용어. 블로그(blog)와 영역(sphere)의 합성어이다.

67) 조인스 블로그, 경향닷컴 블로그, 조선일보 블로그, 한겨레 필통 블로그 등.

퍼서널 저널리스트와 아마추어 저널리스트가 함께 참여한다는 점에서 주목해야 할 저널리즘 양상이 아닐 수 없다.

여기에다 최근 급속히 그 이용자가 늘고 있는 트위터(twitter)[68] 등 소셜미디어(Social media)[69]를 활용한 소셜네트워크서비스(SNS)에 주목할 필요가 있다. '소셜미디어 특종 시대!'라는 제하의 다음과 같은 보도기사를 보면 그 이유를 잘 알 수 있다.

---

68) 2006년 미국의 잭 도시(Jack Dorsey)·에번 윌리엄스(Evan Williams)·비즈 스톤(Biz Stone) 등이 공동으로 개발한 '마이크로 블로그' 또는 '미니 블로그'로서 샌프란시스코의 벤처기업 오비어스(Obvious Corp.)가 처음 개설하였다. 트위터란 '지저귀다'라는 뜻으로, 재잘거리듯이 하고 싶은 말을 그때그때 짧게 올릴 수 있는 공간이다. 한번에 쓸 수 있는 글자 수도 최대 140자로 제한되어 있다. 블로그의 인터페이스에 미니홈페이지의 '친구맺기' 기능, 메신저의 신속성을 갖춘 소셜네트워크서비스(SNS)로서, 관심 있는 상대방을 뒤따르는 '팔로(follow)'라는 독특한 기능을 중심으로 소통한다. 이는 다른 SNS의 '친구맺기'와 비슷한 개념이지만 상대방이 허락하지 않아도 일방적으로 '뒤따르는 사람' 곧 '팔로어(follower)'로 등록할 수 있는 점이 가장 큰 차이점이다. 웹에 직접 접속하지 않더라도 휴대전화의 문자메시지(SMS)나 스마트폰 같은 휴대기기 등 다양한 방법을 통하여 글을 올리거나 받아볼 수 있으며, 댓글을 달거나 특정 글을 다른 사용자들에게 퍼트릴 수도 있다. 홈페이지 주소는 'http://twitter.com'이며, 사용자의 트위터 주소는 '@아이디'로 표기된다. 언제 어디서나 정보를 실시간으로 교류하는 '빠른 소통'이 가장 큰 특징으로서 세계적 뉴스 채널로 속보를 장점으로 하는 CNN을 앞지를 정도로 신속한 '정보 유통망'으로 주목받고 있다. 미국의 첫 흑인 대통령이 된 버락 오바마가 대통령 선거에서 승리하는 데 트위터를 이용한 홍보효과를 톡톡히 본 것으로 알려져 있으며, 기업들도 홍보나 고객불만 접수 등 다양한 방법으로 활용하고 있다. 한국에서도 사용자가 급속히 확산되는 추세로 한국어 홈페이지(http://twtkr.com)도 개설되었다. 출처: 네이버 백과사전.

69) 소셜미디어는 사람들이 자신의 생각과 의견, 경험, 관점 등을 서로 공유하고 참여하기 위해 사용하는 개방화된 온라인 툴과 미디어 플랫폼으로, 가이드와이어 그룹(Guidewire Group)의 창업자인 크리스 쉬플리(Chris Shipley)가 처음 이 용어를 사용하였다. 소셜미디어는 그 자체가 일종의 유기체처럼 성장하기 때문에 소비와 생산의 일반적인 메커니즘이 동작하지 않으며, 양방향성을 활용하여 사람들이 참여하고 정보를 공유하며 사용자들이 만들어 나가는 미디어를 소셜미디어라 부른다. 소셜미디어는 접근이 매우 용이하고 확장 가능한 출판기법을 사용하여, 사회적 상호작용을 통하여 배포될 수 있도록 설계된 미디어를 말한다. 소셜미디어는 방송 미디어의 일방적 독백을 사회적 미디어의 대화로 변환시키는 웹 기반 기술을 이용한다. 소셜미디어는 지식과 정보의 민주화를 지원하며 사람들을 콘텐츠 소비자에서 콘텐츠 생산자로 변화시킨다. 이러한 소셜미디어에는 블로그(Blog), 트위터 또는 페이스북 같은 소셜네트워킹서비스(Social Networking Service; SNS), 위키(Wiki), 손수제작물(UCC), 마이크로 블로그(Micro Blog) 등이 있으며, 사람과 정보를 연결하고 상호 작용할 수 있는 서비스를 제공하는 웹 기반의 애플리케이션도 소셜미디어의 범주에 포함시킬 수 있다. 출처: 위키백과 참조.

모든 이야기는 트위터로부터 시작됐다.

언론도 시민단체의 눈도 따돌린 국회의원들의 '과욕'이 트위터에서 딱 걸렸다. "전직 의원에게 국가 예산에서 고령연금을 지급하는 것은 적절치 않다." 지난 8월 '트위터 사용자' 천정배 민주당 의원의 글이 트위터 망을 타고 급속히 퍼져나갔다. '헌정회 육성법 개정안'(전직 의원에게 평생 매달 120만원씩 지급)을 여야 의원들이 법제사법위원회 상정 하루 만에 압도적 찬성으로 통과시킨 게 6개월 전이었다. 천 의원 글로 트위터는 '난리'가 났다. 언론들이 뒤늦게 기사를 쓰기 시작했고, 9월 민주노동당은 '과오'를 반성하며 법 개정안을 발의했다.

소셜미디어가 커뮤니케이션과 인적 네트워킹 수단이란 '좁은 우물'을 뛰어넘어, 전통 미디어의 의제 설정력에 버금가는 언론매체로 정체성을 구축해 가고 있다. 트위터가 '광속'으로 소식을 퍼뜨리며, 느려터진 기성 언론을 비웃는 사례도 속출하고 있다. 지난해 10월 강남파이낸스타워 화재는 대피 중이던 트위터 사용자가 가장 먼저 소식을 타전했고, 지난 1일 부산 해운대 아파트 화재 사고도 기성 언론들이 트위터 사진을 받아 싣기에 바빴다.

소셜미디어의 급속한 보급은 미디어의 개념을 근본적으로 재정의하고 있다. '헌정회 육성법' 사건은 소셜미디어가 뉴스성에 대한 판단을 바꾸도록 한 대표적 보기다. 출입처에서 나온 정보를 공급자의 잣대로 선별 보도하는 기성 언론과 달리, 소셜미디어는 오직 수용자의 관점에서 중요도를 평가한다. 기성 언론에서처럼 정치적·경제적 이해관계에 따라 뉴스가 가공·왜곡될 여지도 적다.

기성 언론의 '물리적 한계'인 취재 공간과 인력의 제약도 소셜미디어에서는 문제가 되지 않는다. 트위터는 지구 전역 모든 전문 분야에 특파원을 둔 '거대한 네트워크 미디어'와도 같다. 2008년 인도 뭄바이 폭탄테러, 지난 1월 아이티의 참혹한 지진 피해도 트위터가 가장 먼저 전했다.

지난 6월 이란 부정선거 규탄 시위자들의 사망 소식도 트위터를 타면서 확산됐다. 기성 언론이란 '매개자'를 거치지 않고 소셜미디어 사용자들 사이에서 뉴스 생산과 유통의 전 과정이 이뤄지는 현상은 더욱 보편화될 전망이다.

송경재 경희대 교수는 "현재 과도기인 소셜미디어는 앞으로 더욱 진화해 전문 영역으로 여겨졌던 언론의 취재보도 및 논평 기능을 보통 사람의 영역으로 급속히 확장할 것"이라고 말했다.

그는 "개인 단위의 소셜미디어가 '집단적 소셜미디어'(다수의 이용자들이 자발적으로 올린 정보를 토대로 만들어진 소셜미디어 뉴스) 형태로 활성화되고 특정 분야에 등록한 이용자에게 적절한 보상을 해 줄 경우 한층 다양하고 실험적인 미디어 등장을 촉진할 수 있을 것"이라고 내다봤다.

이문영 기자 / 기사등록:2010-10-24 오후 08:22:31 기사수정:2010-10-25 오전 09:29:44 / ⓒ 한겨레 (http://www.hani.co.kr).

2) 인터넷저널리즘과 저작권 쟁점

인터넷을 통한 온라인 네트워크의 활용이 일상화하면서 이를 통한 저작물 유통 또한 급증하고 있다. 따라서 온라인 상황에서의 저작권 침해 가능성도 크게 증가하고 있다. 특히, 특정 주제어의 검색만으로 각종 뉴스 콘텐츠에 접근하기가 매우 쉬워졌다는 점에서 인터넷저널리즘을 둘러싼 저작권 침해 논란 또한 높아지고 있는 것으로 보인다.

이러한 인터넷저널리즘에 있어서 가장 문제가 되는 것은 복제권을 둘러싼 해석이 아닐까 싶다. 저작물 이용행위 가운데 가장 많은 부분을 차지하고 있는 것이 바로 복제라고 할 수 있는데, 현행 저작권법에 따르면 복제란, "인쇄·사진·복사·녹음·녹화 그 밖의 방법에 의하여 유형물에 고정하거나 유형물로 다시 제작하는 것을 말하며, 건축물의 경우에는 그 건축을 위한 모형 또는 설계도서에 따라 이를 시공하는 것을, 각본·악보 그 밖의 이와 유사한 저작물의 경우에는 그 저작물의 공연·실연 또는 방송을 녹음하거나 녹화하는 것을 포함"하는 개념이다. 따라서 복제는 저작재산권 중에서 가장 기본적인 권리이며, 저작물 이용에 있어서도 가장 기본적인 형태라고 할 수 있다. 여기서 예시하고 있는 인쇄·사진·복사·녹음·녹화 등은 우리가 일상적으로 저작물을 이용하는 방법들이기 때문이다. 여기에다 디지털 기술의 발달 양상을 반영하여 "유형물로 다시 제작하는 것" 이외에 "유형물에 고정하는 것"을 복제의 개념에 포함시킴으로써 디지털 복제까지 포괄하는 것임을 명시하고 있다.

이렇듯 저작권법에서 말하는 복제란, 유형물 즉 구체적으로 존재하는 물건 속에 저작물 등을 수록하는 행위를 말한다.[70] 그러므로 상연이나 연주 또는 방송 등의 무형적인 것은 복제의 대상이 아니며, 각본이나 악보 따위를 공연·방송 또는 실연한 것을 녹음하거나 녹화하는 것은 복제에 해당한다. 이러한 복제의 개념은 또 인쇄나 사진 또는 복사처럼 가시적인 복제와 녹음 또는 녹화 같은 재생 가능한 복제로 나누어 볼 수 있다.[71]

그 밖에 권리관계에 있어서는 저작재산권은 양도가 가능하므로 만일 저작자가 누군가에게 복제권을 양도한다면 복제권을 양도받은 사람이 복제권자가 된다. 결국 대개의 국가에서 복제에 대하여 인쇄물처럼 사람이 직접 시각적으

---

70) 구저작권법(1957년)에서는 각본의 상연, 음악의 연주, 영화의 상영 등 무형적인 것도 복제에 포함시켰으나 신저작권법(1987년)에서는 유형적인 복제에만 한정하고 있다.

71) 복제의 개념에 대한 국제협약의 규정을 살펴보면, 베른협약에서는 가시적인 복제는 물론 재생 가능한 복제까지 포함하고 있지만(제9조 제3항), 세계저작권협약(UCC)에서는 녹음이나 녹화처럼 재생 가능한 것은 복제로 인정하지 않는다(제6조).

로 인식할 수 있는 복제와 녹음물이나 녹화물처럼 재생의 방법으로 시청각에 호소하는 것을 복제의 개념으로 파악하고 있다. 그런데 오늘날과 같은 디지털 미디어 환경에서는 디지털화에 따른 저작물의 이용과 네트워크를 통한 전송이 빈번하게 이루어지고 있다. 이러한 저작물 이용형태 변화와 관련하여 기존의 '복제' 개념이 계속 유용한 것인지 검토할 필요가 있는 것이다.

먼저 컴퓨터 기억장치로서의 램(RAM; Random Access Memory)과 같은 곳에 저작물이 일시적으로 저장되는 경우를 어떻게 취급할 것인가 하는 점이 문제가 된다. 멀티미디어로서의 전자매체를 이용하게 되면 이용자들 사이에는 그것이 파일의 형태든 아니면 컴퓨터프로그램이든 수많은 전자적 저작물이 전송장치를 통하여 주고받게 된다. 그리고 전송과정에서 이용 저작물은 컴퓨터의 임시저장장치, 즉 램에 저장되게 마련이다. 또한 컴퓨터 화면을 통해 보이는 저작물을 훑어보거나(browsing) 읽는 경우에도 그 저작물은 램에 저장된다.[72]

그 밖에 인터넷을 통해 저작물을 이용할 경우 파생되는 문제를 생각해 볼 수 있다. 특히 웹진 또는 인터넷신문을 웹상에서 열람할 때 링크(link) 과정을 거치게 되는데, 링크(또는 하이퍼링크)란 웹(web)에서 보통 밑줄 또는 청색으로 표시되어 있는 주 컴퓨터의 도메인 이름으로서의 URL(Uniform Resource Locator)에 이용자가 마우스로 이를 클릭하면 다른 조작 없이도 표시된 URL에 직접 연결되는 시스템을 말한다. 저작권과 관련하여 문제가 제기되는 경우는 이렇게 링크되는 웹사이트 자체가 개인의 독창성이 인정되는 저작물인 경우 저작자 본인의 허락 없이 그 저작물을 임의로 이용하는 경우라고 할 수 있다. 하지만 인터넷의 특성상 타인의 웹사이트를 링크하는 모든 경우에 대하여 문제를 삼는다는 것은 인터넷의 기본 개념에 배치되므로 일정한 범위에서 인터넷상의

---

72) 최경수(1995), 『멀티미디어와 저작권』(서울: 저작권심의조정위원회), pp. 37~38.

보호범위를 정해야 할 것이다.

이러한 문제점과 관련한 국제 동향과 판례를 살펴보면 다음과 같다.

미국 저작권법 제101조에서는 복제물에 대해 "현재 알려졌거나 또는 장래에 개발될 방법으로 저작물이 고정되는 음반 이외의 유체물로서, 그로부터 저작물이 직접 또는 기계나 장치를 통하여 지각, 복제, 또는 달리 전달될 수 있는 것"이라고 정의하고 있다. 이 규정에 따르면 복제물이란 저작물이 고정되는 유체물일 것을 요구하고 있기는 하지만 반드시 물리적인 매체이거나 가시적인 고정을 요하는 것은 아니라고 해석되며, 따라서 전자(電子) 혹은 자기(磁氣) 형태의 복제물도 인정되는 것으로 보인다. 또 미국의 'IITF 보고서'는 "저작물을 디스크·디스켓·롬·램 등에 저장할 때, 텍스트·사진·영상저작물·녹음물 등을 디지털화한 때, 이용자가 디지털 파일을 업로딩(uploading)하거나 다운로딩(downloading)한 때, 이용자가 전자게시판 등에 있는 파일의 일부를 '불러 낸(display)' 때 등의 경우에 복제가 이루어진 것으로 보고 있다.[73]

영국 저작권법 제17조에서는 복제권을 규정하면서 복제행위에 대해 "전자적인 방법으로 특정 매체에 저장하는 행위"가 포함된다고 하며, 또한 저작물의 이용에 따라 만들어지는 일시적 또는 임시복제도 저작권법상의 복제 개념에 포함시키고 있다.

유럽연합의 경우 역시 컴퓨터프로그램의 보호에 관한 지침에서는 컴퓨터프로그램의 로드, 현시, 실행, 송신, 저장 등을 할 때 일시적 복제가 수반되는 경우 저작권자의 허락을 받아야 한다고 규정하고 있다.[74] 또한 데이터베이스의 보호에 관한 지침에서는 데이터베이스의 제작자에게 "어떤 방식이나 형태로든

---

73) IITF 보고서, pp. 65~66; 최경수(1995), 앞의 자료, pp. 36~37 재인용.

74) Council Directive on the legal protection of computer programs, 91/250/EEC, O.J.L122/44, 1991, §4(a). 다만 동 지침 §5에서는 프로그램의 적법한 소유자에 의한 것과 같은 행위는 프로그램의 사용에 필요한 경우에는 원칙적으로 허락을 요하지 않는 것으로 하는 등의 권리제한 규정을 설정하고 있다.

데이터베이스의 전부 또는 일부의 일시적 혹은 영구적 복제"를 허락할 배타적 권리를 부여하고 있다. 즉, 컴퓨터프로그램과 데이터베이스의 일시적 복제도 저작권자의 권리로 귀속시키고 있는 것이다.

한편, 인터넷저널리즘과 관련하여 최근에는 온라인서비스제공자(포털사이트 운영사업자 등)의 역할이 주목받고 있다. 나아가 온라인서비스제공자가 저작권 침해의 직접적인 당사자는 아니지만 이를 유발하거나 가능하게 한다는 점에서 온라인서비스를 통한 저작권 침해에 대해 민사상[75] 및 형사상[76] 책임을 져야 하는 경우가 예상된다. 그러나 다른 한편으로는 온라인서비스제공자야말로 이러한 저작권 침해를 가장 효과적으로 방지하거나 중단시킬 수 있는 위치에 있다. 따라서 온라인서비스제공자의 책임을 엄격하게 따지기보다는 그로 하여금 저작권 침해를 방지하거나 중단시키는 역할을 맡게 하고 그에 상응하게 저작권 침해에 대한 책임을 제한해 줌으로써 온라인서비스제공자가 건전한 사업 환경을 조성하여 온라인서비스를 통한 저작물의 원활한 유통을 촉진하게 하는 것이 더 디지털 미디어 시대의 특성에 부합하는 조치라고 판단한 것이다.

우리 저작권법에서 이러한 '온라인서비스제공자의 책임제한' 규정을 신설한 것은 2003년 개정 저작권법에서의 일이며, 국제적으로는 1998년 미국의 '디지털밀레니엄저작권법(DMCA)'에서 처음 도입한 이래 전 세계에서 고루 채택되었다. 2007년 전부개정법에서는 제6장에서 온라인서비스제공자의 책임제한에 대하여 그가 자신이 서비스를 제공하는 것과 관련하여 다른 사람의 저작권

---

75) 민법 제760조(공동불법행위자의 책임)
　① 수인이 공동의 불법행위로 타인에게 손해를 가한 때에는 연대하여 그 손해를 배상할 책임이 있다.
　② 공동 아닌 수인의 행위 중 어느 자의 행위가 그 손해를 가한 것인지를 알 수 없는 때에도 전항과 같다.
　③ 교사자나 방조자는 공동행위자로 본다.
76) 형법 제32조(종범)
　① 타인의 범죄를 방조한 자는 종범으로 처벌한다.
　② 종범의 형은 정범의 형보다 감경한다.

이 침해된다는 것을 안 경우, 그리고 자신의 권리가 침해되고 있다고 주장하는 사람으로부터 침해가 되는 복제 및 전송을 중단해 줄 것을 요청받은 경우로 나누어서 규정하고 있다.[77]

〈참고 판례〉 동영상의 온라인서비스와 공정이용의 범위

다른 사람이 저작권자의 허락 없이 저작물을 이용했더라도 저작권자는 함부로 사용 중단조치를 할 수 없다는 판결이 나와 주목된다.[78] 서울고등법원 민사4부(재판장 이기택 부장판사)는 딸이 가수 '손담비'가 불러 유명해진 '미쳤어'라는 제목의 노래를 따라 하며 춤을 추는 동영상을 자신이 운영하는 네이버 블로그에 올린 A씨가 "동영상을 함부로 내리게 해 딸의 귀여운 모습을 다른 사람들과 공유할 기회를 박탈당하는 등 정신적 고통을 입었다"며 우리나라 음악저작권자들로부터 저작권을 신탁받아 관리하는 (사)한국음악저작권협회를 상대로 낸 손해배상 청구소송 항소심(2010나35260)에서 원고 일부승소 판결을 내렸다.[79]

재판부는 판결문에서 민법 불법행위책임의 특칙인 저작권법 제103조[80] 제6항의 요건에 대하여 구체적으로 명시함으로써 그동안 막연하게 인정되던 저작물 전송중단조치로 인한 손해배상 책임요건을 명확하게 밝히고 있다.[81] 즉, 현행 저작권법 제103조 제1

---

77) 저작권법 제102조(온라인서비스제공자의 책임 제한)

① 온라인서비스제공자가 저작물등의 복제·전송과 관련된 서비스를 제공하는 것과 관련하여 다른 사람에 의한 저작물등의 복제·전송으로 인하여 그 저작권 그 밖에 이 법에 따라 보호되는 권리가 침해된다는 사실을 알고 당해 복제·전송을 방지하거나 중단시킨 경우에는 다른 사람에 의한 저작권 그 밖에 이 법에 따라 보호되는 권리의 침해에 관한 온라인서비스제공자의 책임을 감경 또는 면제할 수 있다.

② 온라인서비스제공자가 저작물등의 복제·전송과 관련된 서비스를 제공하는 것과 관련하여 다른 사람에 의한 저작물등의 복제·전송으로 인하여 그 저작권 그 밖에 이 법에 따라 보호되는 권리가 침해된다는 사실을 알고 당해 복제·전송을 방지하거나 중단시키고자 하였으나 기술적으로 불가능한 경우에는 그 다른 사람에 의한 저작권 그 밖에 이 법에 따라 보호되는 권리의 침해에 관한 온라인서비스제공자의 책임은 면제된다.

78) 〈법률신문〉 홈페이지(http://www.lawtimes.co.kr) 기사 중 "내 저작물이라도 함부로 사용중단 조치 못한다"(김소영 기자, 2010.10.22.) 참조.

79) 원래 이번 사건은 참여연대가 지난 2009년 6월 5세 어린이가 가수 손담비의 '미쳤어' 노래를 육성으로 따라 부른 동영상을 네이버 블로그에 게시했다 한국음악저작권협회의 요청에 따라 삭제당한 사건에 대하여 제기한 손해배상 청구 소송에서 촉발되었다. 당시 참여연대는 기자회견에서 "저작권법 28조는 정당한 범위 안에서 공정한 관행에 합치되게 인용할 수 있도록 하고 있다"며 "삭제된 동영상은 음원 자체를 사용하지 않았고, 전체 가사 중 31줄 중 후렴구 3줄 가량을 반복적으로 흉내 낸 것에 불과하다"면서 '공정한 관행'이라고 주장하면서, 동영상 삭제를 요청한 한국음악저작권협회와 동영상을 삭제한 후 전송재개요청을 묵살한 네이버에 대하여 각각 500만 원의 손해배상을 청구한 바 있다.

80) 저작권법 제103조(복제·전송의 중단)
   ① 온라인서비스제공자의 서비스를 이용한 저작물등의 복제·전송에 따라 저작권 그 밖에 이 법에 따라 보호되는 자신의 권리가 침해됨을 주장하는 자(이하 이 조에서 "권리주장자"라 한다)는 그 사실을 소명하여 온라인서비스제공자에게 그 저작물등의 복제·전송을 중단시킬 것을 요구할 수 있다.
   ② 온라인서비스제공자는 제1항의 규정에 따른 복제·전송의 중단요구가 있는 경우에는 즉시 그 저작물등의 복제·전송을 중단시키고 당해 저작물등을 복제·전송하는 자(이하 "복제·전송자"라 한다) 및 권리주장자에게 그 사실을 통보하여야 한다.
   ③ 제2항의 규정에 따른 통보를 받은 복제·전송자가 자신의 복제·전송이 정당한 권리에 의한 것임을 소명하여 그 복제·전송의 재개를 요구하는 경우 온라인서비스제공자는 재개요구사실 및 재개예정일을 권리주장자에게 지체 없이 통보하고 그 예정일에 복제·전송을 재개시켜야 한다.
   ④ 온라인서비스제공자는 제1항 및 제3항의 규정에 따른 복제·전송의 중단 및 그 재개의 요구를 받을 자(이하 이 조에서 "수령인"이라 한다)를 지정하여 자신의 설비 또는 서비스를 이용하는 자들이 쉽게 알 수 있도록 공지하여야 한다.
   ⑤ 온라인서비스제공자가 제4항의 규정에 따른 공지를 하고 제2항 및 제3항의 규정에 따라 그 저작물등의 복제·전송을 중단시키거나 재개시킨 경우에는 다른 사람에 의한 저작권 그 밖에 이 법에 따라 보호되는 권리의 침해에 대한 온라인서비스제공자의 책임 및 복제·전송자에게 발생하는 손해에 대한 온라인서비스제공자의 책임을 감경 또는 면제할 수 있다. 다만, 이 항의 규정은 온라인서비스제공자가 다른 사람에 의한 저작물등의 복제·전송으로 인하여 그 저작권 그 밖에 이 법에 따라 보호되는 권리가 침해된다는 사실을 안 때부터 제1항의 규정에 따른 중단을 요구받기 전까지 발생한 책임에는 적용하지 아니한다.
   ⑥ 정당한 권리 없이 제1항 및 제3항의 규정에 따른 그 저작물등의 복제·전송의 중단이나 재개를 요구하는 자는 그로 인하여 발생하는 손해를 배상하여야 한다.
   ⑦ 제1항 내지 제4항의 규정에 따른 소명, 중단, 통보, 복제·전송의 재개, 수령인의 지정 및 공지 등에 관하여 필요한 사항은 대통령령으로 정한다. 이 경우 문화체육관광부장관은 관계 중앙행정기관의 장과 미리 협의하여야 한다.

81) 이번 판결은 저작물 이용자가 노래를 몇 초 짧게 인용하는 경우 등과 같이 '공정이용'에 해당하는 경우, 단지 허락을 받지 않았다는 사정만으로 저작권자가 함부로 사용중단을 요구할 수 없다는 취지를 담고 있다. 특히 저작물 이용자가 사용중단조치로 인하여 입은 손해를 청구하려면 어떤 요건이 필요한지에 대해 처음으로 상세하게 설시함으로써 향후 유사 소송에도 적지 않은 영향을 미칠 것으로 예상된다. 또 이번 판결은 최근의 판결 흐름 및 저작권 보호에 대한 사회 분위기가 무조건적으로 저작권자의 권익 보호에만 치우침으로써 저작물의 정당한 이용까지 막고 있는 것에 대하여 경종을 울렸다는 점에서 큰 의미를 지닌다.

항은 "저작권자는 자신의 저작물이 복제·전송에 의하여 '침해된 사실을 소명'하면 네이버 등 온라인서비스제공자에게 복제·전송을 중단시켜 줄 것을 요구할 수 있다"고 규정함으로써 저작권자의 권리를 보호하고 있다. 그러나 제6항은 "'정당한 권리 없이' 함부로 복제·전송의 중단을 요구한 자는 그로 인하여 발생한 손해를 배상하여야 한다"고 규정함으로써 저작물을 복제·전송한 사람의 이익도 함께 고려하고 있다. 재판부는 이번 판결에서 이러한 '정당한 권리 없이'의 뜻을 구체화하고 있는 것이다.

먼저 재판부는 '정당한 권리가 없다'는 것은 저작권법 제103조 제1항의 "자신의 권리가 침해된 사실을 소명해야 한다"는 규정과 연결하여 의미를 해석하여야 하므로 이는 "자신의 권리가 침해된 사실을 입증하지 못하였다는 취지로 해석되어야 한다"고 판단하였다. 아울러 이것은 두 가지 의미로 나누어 해석될 수 있는데 "첫째는 침해될 권리 자체가 없었던 경우이며, 둘째는 침해될 권리가 있더라도 저작물 등의 복제·전송이 '공정이용' 등에 해당하여 결과적으로 저작권을 침해하는 것이 아닌 경우"라고 밝히고 있다.

재판부는 이어 "저작물의 복제·전송이 저작권법 제28조 소정의 '공표된 저작물의 인용'에 해당하는 경우, 저작권자는 중단조치로 인하여 복제·전송한 사람이 입은 손해를 배상할 책임이 있다"면서 "단지 자신이 저작권자이고 이용자에게 저작물의 이용을 '허락한 적이 없다'는 사정만으로 손해배상책임을 면할 수 없다"고 덧붙였다. 곧 나에게 저작권이 주어진 저작물이라도 함부로 사용중단조치를 하면 안 된다는 것이다.

그 밖에도 재판부는 이번 판결을 통하여 저작권자가 온라인서비스 중단을 요구하기 전에 취해야 할 주의사항, 즉 갖추지 않으면 저작권자의 귀책 사유가 될 수 있는 경우를 다음과 같이 네 가지로 나누어 명시하였다.

첫째, 저작권자는 중단조치 전 저작물 이용자의 복제·전송이 저작권 침해에 해당하는지 법률전문가의 의견을 구하는 등 성실하고 합리적인 방법으로 검토해야 한다. 만약 이런 주의의무를 위반하여 저작물 이용자의 복제·전송이 저작권 침해가 아니라는 사실을 몰랐다면 손배해상책임을 면할 수 없다.

둘째, 자신이 중단을 요구한 저작물이 '공정이용' 등에 해당함으로써 저작권 침해가 되지 않는다는 사실을 몰랐어야 한다. 만약 공정이용 등에 해당하는지 알면서도 중단조치를 취했다면 저작물이용자에게 손해를 배상하여야 한다.

셋째, 저작권자에게 저작권이 있어야 한다. 저작권자가 저작권법에 따라 보호되는 권리가 자신에게 없다는 사실을 알고도 고의로 중단조치를 취했다면 손해배상책임이 커진다.

넷째, 저작권자가 자신에게 권리가 없음을 과실로 모르고 중단조치를 한 경우도 손해를 배상하여야 한다.

재판부는 이에 따라 포털사이트 '네이버'와 '다음'에 저작물을 이용한 동영상 33만 2,992건의 중단조치를 요구한 한국음악저작권협회에게 "한국음악저작권협회가 이 노래들의 저작권자이기는 하지만 원고(原告)가 노래를 일부 이용한 것은 '공표된 저작물의 인용'에 해당하는 만큼 저작권을 침해한 것이 아니다"라고 하면서 "비록 이용을 허락한 적이 없다고 하더라도 정당한 권리 없이 게시물의 복제·전송의 중단을 요구한 것"이라며 손해배상 책임을 인정하였다. 또 "네이버와 다음의 각 동영상 사이트에 등록된 동영상 합계 33만 2,992건에 대하여 저작권 침해 여부에 대한 개별적 검토 없이 일괄적으로 복제·전송의 중단을 요구했음이 인정된다"며 "침해 여부에 대한 성실하고 합리적인 검토 없이 이용 중단을 요구한 점이 인정되는 만큼 귀책 사유도 있다"고 하여 주의의무 위반도 인정하고 있다.

3) 링크 행위와 저작권 문제

인터넷저널리즘과 관련하여 링크 행위의 유형별 특성을 법적으로 따져보면, 다른 웹사이트에 있는 음악파일 등을 개인 홈페이지나 카페 등에 링크하는 경우 프레임(frame) 기법에 의한 링크를 한 때에는 저작권을 침해한 것과 유사한 불법행위가 될 수 있다. 프레임 링크란 자신의 웹사이트 안에서 다른 웹사이트의 게시물 정보가 직접 나타나도록 링크하는 것으로, 단순링크와 달리 사실상 링크 대상이 된 웹페이지를 그대로 붙여넣기 하는 것과 마찬가지의 결과를 가져오기 때문에 원래 그 홈페이지가 얻어야 하는 각종 이익, 즉 광고 수익이나 방문자 숫자 증가 등을 직접 침해하는 행위가 된다는 점에서 저작권 침해에 해당한다는 견해가 우세하다.

실제로 우리 법원은 이와 관련하여 "프레임 링크 행위는 저작권자의 허락 없이 자신의 컴퓨터 서버에 복제하여 이를 자신의 인터넷 홈페이지 이용자들에게 전송한 행위와 마찬가지이기 때문에 위법행위에 해당한다"고 판시(서울지방법원 2001.12.7. 선고 2000가합54067 판결)한 바 있다. 미니홈페이지·카페 또는 블로그 등을 방문하는 순간이나 특정 자료를 여는 순간, 또는 특정 자료를 클릭하는 순간 음악이 저장된 사이트로 이동함이 없이 방문한 미니홈페이지·카페·블로그 또는 기타 링크를 건 사이트나 웹페이지에서 음악을 들을 수 있도록 한 링크기법도 프레임 링크와 같은 효과를 가지는 것으로 볼 수 있다.

그 밖에 딥링크(deep link; 해당 자료에 직접 링크하는 것)는 해당 사이트의 영업적 이익을 해친 경우에 불법행위가 될 수 있다는 것이 다수 전문가들의 견해이다. 즉, 웹페이지가 아닌 리소스에 직접적으로 링크하는 경우, 예를 들어 웹페이지에 링크하지 않고 동영상 파일이나 사운드, 이미지 등에 직접 링크함으로써 원저작권자가 누구인지 혼동되도록 링크를 거는 방법의 경우에는 링크당한 사이트가 아닌 링크를 한 사이트를 그 리소스에 대한 권리자로 오인할 수 있으므로 문제가 있다는 뜻이다. 하지만 다른 웹사이트를 단순링크(사용자가 클릭하면 링크된 사이트로 완전히 이동되는 것)하는 것은 불법행위가 아니다. 다만, 대상 사이트가 불법 복제물을 수록하고 있다는 사실을 알면서 단순링크하는 것은 불법행위를 조장한 것이 되므로 주의가 필요하다.

인터넷 이용자들이라면 누구나 수시로 들어오고 나가는 각종 포털 사이트에서는 여러 신문사나 통신사 등 언론사 사이트를 링크시켜, 이를 클릭하면 바로 해당 뉴스기사가 뜨도록 만들어 놓은 것을 볼 수 있다. 언론사와 일일이 이용조건 및 범위에 대하여 협의한 후 허락을 받아 그렇게 한다면 아무런 문제가 없지만, 무단으로 링크해 놓은 채 사이트를 운영한다면 과연 어떤 문제가 생기게 될까? 실제로 무단 링크로 인해 골머리를 앓고 있는 언론사가 많이 있으며, 이에 엄중히 링크 중단을 요청하면 해당 사이트에서 오히려 링크는 저작권 침해행위가 아니며 뉴스기사 역시 보호받지 못하는 저작물이므로 별 문제가 없다고 항변하는 일까지 있다고 한다.[82]

먼저 보호받지 못하는 저작물로서 '사실의 전달에 불과한 시사보도'에 대하여 다시 한 번 살펴보면, 이는 저작물성이 있는 뉴스기사는 당연히 보호받는다는 것을 뜻한다는 점에서 모든 시사보도에 저작권이 없다고 생각하는 것은 큰 오해가 아닐 수 없다. 특히 같은 보도성 기사라고 하더라도 그것을 작성하는 저널리스트에 따라 다양하게 표현될 수 있기 때문에 대부분의 보도기사는 저작물성을 내포하고 있어서 보호받는 저작물일 가능성이 매우 높다. 곧 어문저작물로서 손색이 없는 보도기사가 많으므로 이용자 입장에서 무조건 보호받지 못하는 저작물이라고 예단하는 것은 잘못이라는 뜻이다.

---

82) 서달주(2004), 「단순링크에 의한 뉴스기사 이용과 부당이득반환」, 저작권심의조정위원회, 《저작권문화》 2004년 12월 호(제124호), pp. 24~25 참조.

또 링크 방식에 대해 살펴보면, 단순링크가 아닌 방식일 경우 링크되는 콘텐츠와 그것을 링크하는 사이트가 마치 같은 사이트인 것처럼 보이게 함으로써, 복제 및 전송 등에 있어서 직접적으로 저작권을 침해하는 것은 아닐지 몰라도 해당 콘텐츠를 무단으로 올려놓고 이용하게 하는 것과 동일한 효과를 얻는다는 점에서 심각한 문제가 있다. 아직 링크 방식의 적법성에 관한 정설은 없지만, 링크한 사이트에서 부당한 효과를 얻을 가능성이 없는 경우에만 적법성이 인정된다는 사실만큼은 변하지 않을 것이기에 그렇지 않은 링크 행위는 민법상 일종의 '불법행위'가 될 가능성이 매우 높기 때문이다.

여기서 주의할 점은 링크의 적법성 문제와 그로 인해 발생한 경제적 이익의 문제는 별도의 문제라는 사실이다. 만일 링크 자체는 적법하였지만 여러 언론사의 보도기사를 상업적으로 이용해서 링크한 사이트가 영리를 취하였다면 그것은 곧 민법상 부당이득, 즉 "법률상의 정당한 원인 없이 타인의 재산이나 노동력을 이용해서 재산적 이익을 얻고 상대방에게 손실을 입힌 것"에 해당한다. 따라서 그 기사를 이용함으로써 얻은 이익액은 그 기사를 작성하기 위해 각종 노력과 경비, 시간을 들인 언론사가 취득하는 것이 정당하므로 해당 언론사는 그 수익의 반환을 청구할 수 있을 것이다.

결론적으로, 단순히 특정 사이트를 소개하는 정도의 링크라면 큰 문제가 없지만, 마치 자기 사이트에서 제공하는 콘텐츠인 것처럼 이용자들을 호도할 목적으로 걸어놓는 링크 행위는 법적 문제 이전에 도덕적으로 지탄받아 마땅한 파렴치한 행위가 아닐 수 없다는 점을 잊지 말아야 할 것이다.

4) 소셜네트워크서비스(SNS)와 저작권 문제

요사이 인터넷저널리즘의 새로운 유형으로 등장한 SNS가 폭발적으로 팽창하고 있어 주목된다. 스마트폰의 보급이 일반화되면서 유명 정치인을 비롯한 이른바 오피니언 리더들을 포함해서 행세깨나 하는 사람들 사이에 트위터, 페이스북 등 소셜미디어 열풍이 거세게 일고 있기 때문이다. 그렇다 보니 이들을 따르는 대중들의 관심도 높아져서 개인 스스로 정보를 생산하는 경우가 늘어나고 있다. 개인용 스마트폰을 활용해서 기자보다 훨씬 빨리 중요한 장면을 포착하는가 하면, 현장감 넘치는 동영상을 언론사에 제공하는 사람들도 많아지다 보니, 언론사에서 트위터나 페이스북 등 SNS에 주목하는 것은 당연한 일인지도 모르겠다.

실제로 2010년 11월 23일 오후에 발생한, 우리 국민들을 경악케 했던 연평도 피격사건 당시 현장의 생생한 뉴스 화면이 일반 개인의 휴대폰에 찍힌 동영상으로 채워지기도 했다. 그렇다면 트위터 등 SNS를 통해 올라온 사진이나 글을 언론사가 보도용으로 이용한다면 저작권 침해일까, 아닐까?[83]

외신에 따르면 최근 미국에서 트위터에 올라온 사진을 가져다 쓰면서 저작권자의 동의를 구하지 않은 AFP 통신사에 저작권법 위반 판결이 내려진 것을 계기로 SNS 저작권 문제가 '뜨거운 감자'로 떠올랐다고 한다. 자세한 내용은 이렇다. 2010년 12월, 미국 법원은 2011년 새해를 앞두고 열린 소셜네트워크 저작권 침해 소송에서 자신의 트위터에 올린 아이티 지진참사 현장사진을 AFP가 무단으로 사용해 저작권을 침해했다는 프리랜서 사진작가 대니얼 모렐(Daniel Morel)의 손을 들어주었다. AFP는 소셜네트워크의 특성상 트위터에 올

---

83) 이하 내용은 《미디어오늘》 1월 12일자 4면, 김상만 기자의 "트위터 사진 맘대로 쓰면 저작권 침해?" 기사 참조.

리는 사진에 대해서는 다른 사람들의 재사용을 허락하는 것으로 본다는 트위터 이용약관을 근거로 저작권 위반이 아니라고 맞섰지만 패소한 것이다. 재판부가 트위터 이용약관에서 재사용을 허락한 것은 트위터와 그 제휴 서비스에 한정된 것이지 언론과 같은 제3자, 즉 언론매체의 재사용까지 허락한 것은 아니라는 판단을 내렸기 때문이다.

좀 더 구체적으로 사건 내용을 살펴보면, 2010년 1월 12일, 아이티에서 지진이 발생하자 모렐이 트위픽(Twitpic)에 현장사진을 업로드한 뒤 트위터로 포스팅하게 된다. "지진 독점 사진"이라고 부연하는 글까지 써서 올렸지만, 저작권이 누구에게 있는지 확인할 수 있는 표지는 없었다고 한다. 그리고 몇 분 뒤 모렐의 사진은 여기저기서 복사되기 시작하였다. 그 중에는 AFP 통신사의 포토 에디터도 있었는데, 그가 모렐의 사진을 자신의 트위터 페이지에 링크함으로써 이후 AFP 사진 DB인 이미지 포럼(Image Forum)에 모렐의 사진 13장이 입력되었고, 이 사진들은 외부로 판매되거나 유통되기 시작하였다. 이후 사진들은 다시 AFP의 북미, 영국 독점 판매대행사인 이미지 라이선스 업체로 전송되었고, 이때부터 모렐의 사진은 'AFP'와 라이선스 업체의 라벨을 달고 전 세계로 판매되었다. 실제로 유력 언론사인 CBS, CNN 등이 주 고객이었던 것으로 확인되었다.

결국 이러한 정황을 파악한 모렐이 AFP를 상대로 저작권 침해 소송을 내기에 이르렀고, 재판 과정에서 AFP는 약관에 따라 트위터 이용자가 올린 사진 등을 광범위하게 재사용할 수 있다고 주장하였다. 이미 제3자에 의해 트위터나 트위픽에 올라온 사진들이 복사되거나 인용되거나, 재인쇄되거나, 재발행되고 있다는 근거를 내놓기도 했다. 하지만 미국 법원은 이를 받아들이지 않았다. "트위터 약관이 저작물의 재사용에 관한 권리를 부여하는 게 아니다. 〈중략〉 AFP와 제3자들은 모렐이 찍은 사진에 대한 라이선스를 취득하기 위해 부과된 내용을 만족시키지 못했다"는 것이 그 이유였다. 나아가 "또한 트위터 약관을 인용하더라도, 트위터에 게시된 콘텐츠의 사용에 관한 라이선스는 트위터와 그의 파트너에게 부여된다. 트위픽도 사진의 사용 라이선스를 트위픽과 제휴사로 한정하고 있다. 하지만 AFP와 그 수혜 당사자들은 그들의 트위터나 트위픽의 파트너이거나 제휴사라는 것을 입증하지 못했다"고 덧붙였다.

이 사건의 주요 내용을 다시 한 번 정리하면 다음과 같다.[84]

▶ 등장인물

1. Daniel Morel : 아이티 지진 상황을 담은 사진의 원작자. 전문 사진기자. 25년 동안 아이티에서 근무 중이었음.

2. Lisandro Suero : Morel의 사진을 인터넷에 유통시킨 사람. 도미니카 공화국 거주.

3. AFP : 사진을 유통하는 뉴스 에이전시.

4. Getty Image : AFP의 사진을 독점적으로 판매하는 대행사.

5. Corbis : Morel의 사진을 독점적으로 유통하는 대행사.

▶ 사건 개요

－2010년 1월 12일 A시점 : 아이티에서 지진 발생. Morel이 Twitpic에 사진 업로드한 뒤 트위터로 포스팅함. "지진 독점 사진"이라고 써서 올렸지만 저작권을 확인할 수 있는 표지는 없었음.

－2010년 1월 12일 A시점 몇 분 뒤 : Lisandro Suero가 사진을 복사한 뒤 그의 트위픽 페이지에 게시함. "저작권이 있는 독점적 재앙 사진"이라고 적시함. Suero는 현장에 있지 않았고 사진기자도 아니었음. 그럼에도 Suero는 Morel의 사진이라

---

84) 《미디어오늘》 김상만 기자가 정리한 것을 필자가 약간 수정함.

고 밝히지 않았음.

- 2010년 1월 12일 저녁 : 많은 수의 미국인과 뉴스 에이전시가 Morel에게 이메일을 보내거나 트위픽에 댓글을 남기며 보도를 위한 사진 구매 요청을 했음. 4명의 CBS 뉴스 관계인이 사진을 구매해 방송에 내보내겠다며 Morel을 접촉했음.

- 2010년 1월 12일 A시점 1시간 뒤 : AFP 포토 에디터인 Amalvy가 Morel의 사진을 자신의 트위터 페이지에 링크시킴. 그리고 한 시간 뒤 Amalvy는 Suero의 트위터 페이지에 구매 요청 메시지를 남겼음.

- 2010년 1월 12일 오후 5시 45분 : CNN은 아이티 지진 속보를 전하면서 Morel의 사진 7장을 보도용으로 사용함.

- 2010년 1월 12일 오후 9시 41분 : Amalvy는 Morel에게 이메일을 보내 "사진을 가지고 있느냐"고 물었음. Morel의 답변이 오기도 전인 몇 분 뒤 Amalvy는 Morel의 사진 13장을 Suero의 트위픽 페이지에서 내려받았음. Amalvy는 자사 사진 DB인 Image Forum에 13장의 사진을 입력함. Image Forum에 입력된 사진은 외부로 판매되거나 유통됨. 이후 이미지 라이선스 업체인 Getty Image로 전송함. 이때부터 Morel의 사진은 'AFP / GETTY / Lisandro Suero'라는 라벨을 달고 전 세계로 판매되기 시작함. 이후 CBS, CNN과 같은 제3의 고객사에 판매되었음.

- 2010년 1월 13일 오전 2시 6분 : AFP 직원이 Morel의 트위터 페이지에 "안녕, 대니얼, 어려운 여건에서 대단한 사진을 찍으셨군요. 저는 AFP에 일하고 있습니다. 메일을 부탁드립니다"라는 메시지를 남김.

- 2010년 1월 13일 오후 5시30분 : AFP는 저작자 명을 'Suero'에서 'Morel'로 변경하기 시작함. 하지만 Getty Image는 Suero의 이름이 박힌 채로 계속 이미지를 판매함. CBS도 Morel의 이름을 거명하지 않고 Morel의 사진을 보도함. 심지어 웹사이트에 게시하기도 함.

- 2010년 1월 13일 : Morel 본인 사진의 독점 대행사인 Corbis에 사진을 전송함.

Corbis는 Getty Image의 경쟁사임.

- 2010년 1월 14일 : Corbis가 Getty Image에 Morel 사진의 독점 유통 권리를 가지고 있다는 이메일을 발송함.
- 2010년 1월 22일 : AFP가 Morel의 사진을 Corbis 측에 전달함.

미국 저작권법(DMCA; 디지털밀레니엄저작권법)에 따르면, 잘못된 저작권관리정보(CMI)를, 저작권 침해를 유발하거나 허락하거나 편의를 제공하거나 숨길 목적으로 제공하거나 유포하는 것은 불법이다. 그리고 저작권관리정보에 대해 "저작물에 붙어서 전달돼야 한다"고 명시하고 있다. 곧 사진저작물의 경우에는 해당 사진의 내부에 저작권관리정보가 명시되어야 한다는 뜻이다. 이번 판결에도 이 부분을 분명히 밝히고 있다.

AFP가 곧바로 항소할 뜻을 밝힘으로써 이번 SNS를 둘러싼 저작권 논쟁이 종결된 것은 아니지만, 이 판결은 미국뿐 아니라 소셜네트워크 이용자가 급증하고 있는 우리에게도 큰 영향을 미칠 것으로 예상된다. 이미 뉴스나 시사프로그램, 심지어 오락프로그램에서도 트위터에 올라온 의견을 인용하거나 프로그램 제작에 직접 이용하는 경우를 어렵지 않게 찾아볼 수 있기 때문이다. 이처럼 최근 SNS 환경은 언제든지 저작권 논쟁에 휘말릴 수밖에 없는 상황이지만, SNS를 통해 유통되는 개인 창작물에 대한 저작권 보호 인식은 아직 낮다는 점에서 문제의 심각성이 엿보인다.

만약 똑같은 사건이 국내에서 발생한다면 우리 법원은 어떤 판단을 내릴까?

필자의 생각으로는 비슷한 사건을 배경으로 국내에서 법적 다툼이 벌어진다 해도 '저작권 침해' 판결이 나왔을 것으로 판단된다. 트위터의 약관은 어디까지나 운영자와 이용자 사이에 적용되는 것일 뿐 제3자에게 미치는 것이 아니므로 창작자의 동의 없이 사진을 사용했다면 미국 법원의 판시대로 저작권 침해에 해당하기 때문이다. AFP가 사진을 보도하면서 저작자에게 연락을 취하려고 애썼다 하더라도 결국에는 사진에 출처와 저작자를 명기하지 않은 점, 이를 유료로 판매한 점 등은 각각 저작인격권으로서의 '성명표시권'과 저작재산권 중 '복제권' 및 '배포권' 그리고 '공중송신권' 등을 침해한 것이기 때문이다.

그렇다면 저작권 침해 논란에서 벗어나거나 논란거리를 최대한 줄이려면 언론사 입장에서 어떤 노력을 기울여야 할까? 우선 속보성을 발휘해야 하는 급박한 상황이라고 하더라도 최대한 해당 저작권자가 누구인지 확인하는 노력을 거쳐야 하고, 속보의 특성상 이용허락을 받기 어려운 경우라 하더라도 최소한 출처의 정확한 명시와 저작자 표시를 적극적으로 해 주어야 한다. 아울러 저작권법상 허용되는 '공표된 저작물의 인용'에 해당될 수 있도록, 단순히 해당 저작물만 그대로 내보내는 것이 아니라 거기에 따르는 해설 및 논평을 적절히 덧붙여서 보도매체의 관여도를 높이는 것도 좋은 방법이 될 것이다.

기왕에 펼쳐진 소셜네크워크 환경을 좀 더 인간다운 삶의 방편으로 삼기 위해서라도 저작권 보호는 기본적인 양심의 표현이 아닐 수 없다. 누군가 애써 올린 사진 한 점, 글 한 줄이라도 보호하고 아름답게 공유하려는 노력이 보다 인간적인 정보사회를 만드는 지름길이 될 것이기 때문이다.

실무사례별 저작권 쟁점 분석
제 3 장

1. 업무상저작물과 개인 저작물의 구분

1) 저작자와 저작권

제1장에서 살핀 바와 같이 저작자(著作者)란 곧 "저작물을 창작한 사람", "사실상의 저작행위를 함으로써 저작물을 창작해 낸 사람"을 가리킨다. 그러므로 그동안 공표되지 않은 다른 사람의 저작물을 발견했거나 발굴해 낸 사람, 특정 주제에 대하여 저작물의 작성을 의뢰한 사람, 다른 사람이 저작활동을 함에 있어서 아이디어를 제공하거나 조언을 한 사람, 누군가 저작활동을 하는 동안 옆에서 도와주었거나 자료를 제공한 사람 등은 '저작자'가 될 수 없다. 그리고 저작물의 내용이나 수준은 문제가 되지 않으므로 직업적인 문인이나 학자, 또는 예술가가 아니라도 저작행위를 했다면 누구든지 저작자가 될 수 있다. 따라서 법률상 무능력자로 취급되는 미성년자나 정신이상자라 할지라도 저작행위를 했다면 저작권법상 저작자로서 저작인격권과 저작재산권을 갖게 된다. 또한 자연인으로서의 개인뿐만 아니라 단체 또는 법인도 저작자가 될 수 있다. 그리고 저작물에는 1차적저작물(원저작물)뿐만 아니라 2차적저작물과 편집저작물도 포함되어 있으므로 2차적저작물 또는 편집저작물의 작성자 또한 저작자가 된다.[85]

다만, 미국 저작권법(제102조)에서는 "어떠한 경우에 있어서도 창작성 있는 저작물에 대한 저작권 보호는 그 형태 여하를 불문하고 당해 저작물에 기술, 설

---

85) 김기태(2010), 『글쓰기에서의 표절과 저작권』(서울: 지식의날개), p. 17 참조.

명, 예시, 또는 그것에 포함되는 아이디어, 절차, 공정, 체제, 조작 방법, 개념, 원칙 또는 발견에 대하여는 적용하지 아니한다"[86]고 규정하고 있으며, 이를 적용해서 작성된 미국 저작권청 규칙(§202.1)에 따르면 다음과 같은 경우에는 저작권 보호대상이 아니라고 한다.

(a) 단어, 성명·제목·표어와 같은 간결한 문구; 널리 알려진 상징물이나 도안; 인쇄체적 장식, 글자 도안(lettering), 채색(coloring)의 약간의 변형; 구성물이나 내용의 단순한 나열

(b) 작품 속에 표현되고 묘사된 특별한 방식과는 구별되는 생각(idea), 계획, 방법, 체계 또는 방책

(c) 정보를 기록하도록 고안된, 그러나 그 자체가 정보를 전달하는 것은 아닌 시간표, 그래프 종이, 회계장부, 일기장, 수표, 기록표, 주소록, 보고서 양식, 주문서 등

(d) 독자적 창작성을 갖고 있지 않은, 공유재산인 정보만으로 구성된 작품 : 예컨대 표준달력, 신장 및 체중표, 줄자나 자, 운동경기 일정표, 그리고 공문서나 공공 자료로부터 취득한 명세서나 표

(e) 활자체로서의 타이프페이스

또, 1994년에 성립된 WTO/TRIPs 제9조 제2항은 "저작권의 보호는 표현에

---

86) 아이디어와 표현의 이분법은 사실과 표현의 이분법과 쌍둥이라고 할 수 있는 것으로서 저작권법에서 고전적인 법리다. 이것은 저작권법이 권한 없는 복제로부터 독창적인 창작을 보호함으로써 저작자로 하여금 새로운 저작물을 창작하는 데 인센티브를 부여한 것과 만인의 공유(public domain) 영역에서 새로운 저작물에 대한 기본적 요소를 보존한 것 사이의 균형을 유지하려는 의도를 반영하고 있다. 따라서 법원은 저작권으로 보호할 수 있는 저작물의 범위를 아이디어까지 확장해서는 안 된다는 의미로 해석하고 있다. 이것은 새로운 저작물을 창작하기 위해 아이디어를 타인이 이용하는 것을 허용하고 따라서 문화의 발전을 촉진함으로써 공공의 복지에 이익이 되기 때문이다. 이러한 해석은 아이디어 보호와 아이디어의 표현이라는 두 갈래의 전개로 귀결되었다. 박영길(2003), 「저작권에 있어서의 아이디어 보호」, 《계간 저작권》 2003년 봄호(제61호), p. 8.

는 미치지만 아이디어, 절차, 운용 방법, 수학적 개념 그 자체에는 미치지 아니 한다"고 규정하고 있으며, WIPO 저작권협약 제2조 역시 마찬가지이다. 제1장에서 살핀 바와 같이 우리 판례에서도 이 같은 취지를 그대로 반영하고 있는 것으로 보인다. 그 내용을 구체적으로 살펴보면 다음과 같다.

〈참고 판례〉 저작물 성립요건으로서의 창작성[87]

—서울중앙지방법원 제4형사부 2005.12.13. 선고 2005노3375 판결

저작권법에서 보호하는 저작물, 즉 창작물이란 저작자 자신의 작품으로서 남의 것을 베낀 것이 아니라는 것과 수준이 높아야 할 필요는 없지만 저작권법에 의한 보호를 받을 가치가 있는 정도로 최소한도의 창작성이 있다는 것을 의미한다. 저작권법이 보호하는 것은 문학·학술 또는 예술에 관한 사상·감정을 말·문자·음·색 등에 의해 구체적으로 외부에 표현하는 창작적인 표현형식이고, 그 표현되어 있는 내용 즉 아이디어나 이론 등의 사상 및 감정 그 자체는 설사 그것이 창작성이 있다 하더라도 원칙적으로는 저작권법에서 정하는 저작권의 보호대상이 되지 않는다. 특히 학술의 범위에 속하는 저작물의 경우 그 학술적인 내용은 만인에게 공통되는 것이고 누구에 대하여도 자유로운 이용이 허용되어야 하는 아이디어의 영역에 속하는 것으로서 그 저작권의 보호는 창작적인 표현형식에 있지 학술적인 내용에 있는 것은 아니라고 할 것이어서, 이러한 학술적인 내용은 그 이론을 이용하더라도 구체적인 표현까지 베끼지 않는 한 저작권 침해로 볼 수 없다.

또한 저작물의 구체적인 표현형식이 그 자체로 독창적인 정도는 아니고 기존의 서적,

---

87) 김기태(2007), 『신저작권법의 해석과 적용』(파주: 세계사), pp. 49~50.

논문 등과 공통되거나 공지의 사실을 기초로 하고 있다고 할지라도 특정한 이론적 설명에 관해 어떠한 문자를 사용하여 어떤 방식으로 서술하느냐는 저자의 창조적인 정신적 노력에 따라 다를 수 있다. 또, 같은 개념이라도 이를 설명하는 방식은 저자의 창작적 노력에 따라 다를 수 있어 저작자가 자신의 경험 등을 토대로 이용자들이 쉽게 이해할 수 있도록 이론과 문제를 정리하여 나름대로의 표현방식(이론 전개방식이나 서술 내용, 그림, 도표의 사용)에 따라 이론을 설명하거나 문제에 대한 접근방법, 풀이방법 및 관련 용어를 설명하는 방법으로 서적을 저술했다면, 단순히 학술적인 내용에 포함되어 있는 정형적(定型的)인 수식(數式)에 의한 계산방법, 전개과정 등을 설명하는 부분과는 달리, 이는 저작자의 창조적인 정신적 노력에 의해 만들어진 작품으로서의 성격을 가지고 있으므로 창작성이 인정된다. 하지만 그 표현형식이 저작물이 저작되기 이전부터 사용되어 온 것이라면 창작성을 인정하기 어렵다.

그런데 하나의 저작물에 대해 저작자와 저작재산권자가 서로 다른 사람일 수 있다는 점에서 주의가 필요하다. 현행 저작권법의 규정에 따라 저작인격권은 저작자 일신에 전속되므로 별 문제가 없지만, 저작재산권은 저작자가 전체 또는 부분적인 권리를 제3자에게 양도할 수도 있으므로, 그럴 경우에는 일정 권리를 양도받은 사람이 저작재산권자가 되기 때문이다. 나아가 저작재산권은 "저작자의 생존하는 동안과 사망 후 50년간 존속한다"는 규정에 따라 상속이 될 수 있다는 점에서 저작자와 저작재산권자는 구별될 수밖에 없는 경우가 있다. 또, 저작물의 저작자는 1인에 한정되지 않으며 2인 이상의 사상이나 감정이 하나가 되어 구체화된 공동저작물의 경우에는 공동으로 창작한 사람 모두가 저작자가 된다. 저작권법에서는 이런 저작자의 특성과 관련하여 '저작자 등의 추정'[88]과 '업무상저작물의 저작자'에 관한 규정을 별도로 두고 있다.

일반적으로 대부분의 저작물에는 그 저작물을 창작한 사람으로서의 저작자가 누구인지 표시되어 있게 마련이다. 물론 그것이 유형적인 저작물이 아닌 무형적인 저작물이라면 표시가 어려울 수도 있으며, 저작자가 누구인지 표시되어 있다고 하더라도 그가 진정한 저작자인지는 확실하지 않을 수도 있다. 그리하여 어떤 저작물을 이용하려는 사람이 이용허락을 받으려면 먼저 저작권자로서의 저작자가 누구인지 알아야 하는데 어떻게 확인해야 하는지, 혹은 저작권 침해로 인한 문제가 생겼을 때 저작자가 누구인지 입증해야 하는데 그럴 때는 또 어떻게 해야 하는지 등이 애매해질 수도 있다. 이 같은 점을 감안하여 저작권법에서는 '저작자의 추정'에 관한 규정을 두고 있는 것이다.[88]

먼저, 저작물을 공표함에 있어서 저작자로 표시된 사람을 저작자로 추정할 수 있다고 규정한다. 그리고 저작물의 형태를 두 가지로 나누어 예시하고 있다. 곧 "저작물의 원본이나 그 복제물에"라는 표현에 있어서 원본이란 저작자가 맨 처음 작성하여 공표하기 이전의 상태에 있는 작품, 즉 어문저작물이라면 원고지에 쓰여 있거나 컴퓨터 등에 입력되어 있는 것이나 미술저작물로서의 원작품, 사진저작물로서의 원판 필름 등을 말하며, 그 복제물이란 원작품을 가지고 출판했다면 해당 도서나 복제판 그림 따위를 말하는 것이다. 아울러 '실명(實名)'이란 실제로 호적에 올라 있는 개인의 성과 이름을 말하며, '이명(異名)'이란 실제 이름이 아닌 예명(藝名), 아호(雅號), 약칭(略稱) 따위를 말한다. 그런데

---

88) 저작권법 제8조 (저작자 등의 추정)

① 다음 각 호의 1에 해당하는 자는 저작자로 추정한다.

1. 저작물의 원본이나 그 복제물에 저작자로서의 실명 또는 이명(예명·아호·약칭 등, 이하 같다)으로서 널리 알려진 것이 일반적인 방법으로 표시된 자

2. 저작물을 공연 또는 공중송신하는 경우에 저작자로서의 실명 또는 저작자의 널리 알려진 이명으로서 표시된 자

② 제1항 각 호의 1의 규정에 의한 저작자의 표시가 없는 저작물의 경우에는 발행자 또는 공연자로 표시된 자가 저작권을 가지는 것으로 추정한다.

89) 김기태(2007), 『신저작권법의 해석과 적용』(파주: 세계사), pp. 69~70 참조.

이명이라고 해서 아무것이나 저작자로서 추정하는 데 문제가 없는 것은 아니다. 그렇기 때문에 이명이라고 하더라도 널리 알려진 것이라야 한다는 단서가 붙어 있다. 여기서 말하는 실명 또는 이명이란 자연인으로서의 개인에게만 해당하는 개념이며, 법인이나 단체의 명칭은 이에 포함되지 않는다. 그리고 그러한 실명 또는 이명이 "일반적인 방법으로 표시"되어야 하는데, 일반적인 방법이란 원고의 처음 부분이나 책표지 따위에 저작자가 누구임을 밝히는 것이나 그림 또는 조각의 일부분에 저작자의 성명이나 약칭 따위를 누구나 알아볼 수 있도록 표시하는 것을 말한다. 따라서 서명(署名)에 의한 방식뿐만 아니라 낙관(落款)을 찍는 것도 그것이 널리 알려진 것이라면 저작자의 추정을 가능하게 하는 것이다.

다음으로 공연 또는 방송, 전송, 디지털음성송신 등에 있어서 저작자의 실명 또는 널리 알려진 이명이 적당한 방법, 즉 공연안내장에 표시되어 있거나 방송 및 전송, 디지털음성송신의 시작 또는 끝부분에 자막이나 음성으로 표시되면 그 사람을 저작자로 추정한다. 즉, 저작물을 공연이나 방송처럼 무형의 방법으로 복제하는 경우에는 공표방법의 특성에 맞추어 저작자의 실명 또는 이명을 밝힘으로써 저작자가 누구인지를 고지하게 되면 저작자의 추정이 가능해지는 것이다.

위와 같은 방법이 있음에도 불구하고 저작물에 저작자의 표시가 없는 경우 즉, 저작물에 저작자의 표시가 없는 경우에는 그 저작물의 발행자 또는 공연자를 저작자로 추정한다. 이는 원저작자가 자기의 실체를 밝히고 싶어 하지 않는 경우이거나 발행자 혹은 공연자에게 원저작자가 자기의 권리를 위탁하거나 양도한 것일 수도 있으므로 발행자 또는 공연자를 저작자로 추정하도록 한 것으로 보인다. 따라서 원저작자는 언제든지 자신이 저작자임을 입증하기만 한다면 직접 저작권을 행사할 수 있게 된다.

한편, 저작권법 제10조에서는 자기가 작성한 저작물에 대하여 저작자가 갖는 저작권의 종류와 성격을 규정하고 있는데, 이에 따르면 저작자에게는 기본적으로 정신적 권리인 '저작인격권'과 함께 경제적 권리인 '저작재산권'이 주어진다. 저작인격권에는 공표권·성명표시권·동일성유지권이 있으며, 저작재산권에는 복제권·공연권·공중송신권·전시권·배포권·대여권·2차적저작물작성권 등이 있다.[90]

아울러 저작권 성립에 있어서의 무방식주의(non-formality)를 천명한다. 즉, 저작권은 특허권·실용신안권·디자인권·상표권 등을 다루는 산업재산권과는 달리 권리를 행사하기 위하여 등록과 심사 등의 어떠한 절차나 형식이 필요하지 않고, 저작과 동시에 권리가 발생한다고 규정하고 있다. 따라서 저작자는 저작물의 작성과 동시에 저작권을 갖게 되며, 이와 관련하여 아무런 조치를 취하지 않아도 되는 것이다. 물론 방식주의를 채택하고 있는 나라가 있기는 하지만 요즈음의 국제적인 추세는 무방식주의가 주류를 이루고 있다.[91] 아울러 저작물의 완성 여부와 관계없이 부분적인 저작물이라도 독창성이 인정되기만 하면 미완성일지라도 해당 부분에 대한 저작권이 생긴다.

결국 저작권의 보호는 창작자로서의 저작자가 아닌 유형물로써 표현한 저작

---

90) 일부 국가에서는 이러한 기본적인 권리 이외에도 인격권과 재산권에 있어서 별도의 권리를 인정하는 경우도 있다. 인격권과 관련하여 저작물의 양도 후에도 자신의 저작물에 접촉할 수 있는 '접촉권'과 함께 유통과정에 있어서 저작물을 회수할 수 있는 '철회권'을 인정(독일, 프랑스, 이탈리아 등)하는가 하면, 재산권과 관련하여 미술저작물의 소유권 양도 후에 새로이 매매가 이루어질 경우 저작자가 일정률의 보상금을 청구할 수 있는 '추급권(追及權)'을 인정(독일, 프랑스, 이탈리아 등)하기도 한다. 우리나라에서는 2007년 전부개정법에서 판매용 음반에 대한 '대여권'을 신설한 바 있다.

91) 우리나라의 경우에 서적에 대한 납본제도(納本制度)나 저작권의 양도를 포함하는 권리변동에 따른 등록제도가 있지만, 이것은 소송에 필요한 증거자료로서의 사항일 뿐 저작권의 발생 요인과는 아무런 관계가 없다. 게다가 대표적인 국제적 규범인 베른협약에서도 제5조 제2항에 무방식주의를 규정하고 있기 때문에 대부분의 국가에서 무방식주의를 채택하고 있다. 한편, 일부 방식주의 국가와의 차이점을 고려해서 UCC 제3조에서는 무방식주의 국가에서 발행된 저작물이라고 하더라도 그 복제물에 ⓒ기호와 저작권자의 성명 및 최초발행년도를 표시하기만 하면 방식주의 국가에서도 그 국가의 내부적인 방식이 이행된 것으로 인정하고 있다. 여기서 ⓒ는 'copyright'를 뜻한다.

물에 대한 보호라고 할 수 있다. 저작권은 지적(知的)으로 창조된 원저작물을 보호하려는 취지에서 주어지는 것이며, 저작물 그 자체, 즉 표현이 보호된다는 뜻이지 저작자의 사상이 보호된다는 의미는 아니다. 사상·학설·원칙 및 체계화된 방법 등에는 저작권이 인정되지 않는다. 이러한 저작권법의 제정은 저작권 보호의 규범을 뒷받침하기 위하여 필수적인 것이 아닐 수 없으며, 복제물의 대량 배포가 가능해지면서 저작권의 권리 개념이 형성되었음을 짐작할 수 있다.

2) 업무상저작물의 요건

저작권법 제2조 정의 규정에 따르면 '업무상저작물'이란, "법인·단체 그 밖의 사용자(이하 "법인 등"이라 한다)의 기획하에 법인 등의 업무에 종사하는 자가 업무상 작성하는 저작물"을 말한다.

어떤 저작물이든지 개인의 창작활동이 없다면 만드는 일 자체가 불가능하지만, 경우에 따라서는 저작물을 작성한 개인이 아닌 그가 속한 법인이나 단체 또는 사용자(使用者)의 명의로 저작권이 귀속되는 경우도 생각해 볼 수 있다. 이런 점을 감안해서 현행 저작권법 제9조[92]에서는 개인이 작성한 저작물이라고 할지라도 일정 요건을 갖추었다면 그가 속한 법인이나 단체가 저작자로서 모든 권리를 행사할 수 있는 업무상저작물이 된다고 규정하고 있다. 정의 규정에서 이를 가리켜 곧 "법인·단체 그 밖의 사용자의 기획하에 법인 등의 업무에 종사하는 자가 업무상 작성하는 저작물"이라고 했으므로 이러한 업무상저작물이 되기 위한 요건은 크게 다섯 가지로 요약할 수 있다.

---

92) 저작권법 제9조(업무상저작물의 저작자) 법인 등의 명의로 공표되는 업무상저작물의 저작자는 계약 또는 근무규칙 등에 다른 정함이 없는 때에는 그 법인 등이 된다.

첫째, 법인 등의 사용자가 저작물의 작성에 있어서 기획(企劃)을 해야 한다. 기획이란 어떤 저작물을 작성할 것인가에 대한 구체적인 계획을 세우는 일이라고 할 수 있는데, 대개는 그 법인 등의 직무에 종사하는 사람들이 아이디어의 창출에서부터 진행되는 모든 과정을 수행하는 경우가 많으므로, 그러한 저작물을 어떠한 방법으로 언제까지 작성할 것인가를 사용자가 최종적으로 판단하는 것이라고 생각할 수 있다.

둘째, 저작물 작성자는 반드시 그 법인 등에 종사하는 사람, 즉 종업원이어야 한다. 그러므로 고용관계에 있지 않은 외부의 사람에게 위탁하여 작성한 저작물은 단체명의저작물이 될 수 없다.

셋째, 종업원이 업무상 작성한 저작물이어야 한다. 왜냐 하면 법인 등에 소속된 종업원이라고 할지라도 그 사람이 업무와는 관계없는 시간과 장소에서 얼마든지 저작물을 작성할 수 있기 때문이다. 즉, 잡지 또는 신문이나 방송에 종사하는 기자가 기사를 쓰거나 일반 회사의 홍보실에 근무하는 사람이 제품안내문안을 작성하는 것은 곧 업무상의 행위라고 할 수 있지만, 누군가가 퇴근 후에 집에서 소설을 썼다면 그것은 그 개인의 저작물인 것이다.

넷째, 저작물이 법인 등의 명의로 공표되는 저작물이어야 한다. 과거의 저작권법에서는 "법인 등의 명의로 공표된 것"이라고 한정함으로써 "공표되지 않은 저작물"에 대해서는 누구의 저작물인지 의문이 생길 수 있었으나 비록 미공표 상태에 있더라도 공표를 예정하고 있다면 이것의 저작자를 법인 등으로 보는 것이 법적 안정성을 지킬 수 있다는 점에서 현행 저작권법에서는 "공표된"을 "공표되는"으로 변경한 것이다. 또 이전 저작권법에서는 "다만, 기명저작물의 경우에는 그러하지 아니하다"고 단서를 두어 저작물에 근로자의 성명이 표시된 경우 법인 등이 아닌 종업원을 저작자로 의제하고 있었으나 실제로 이와 같이 적용되는 사례가 거의 없으며, 오히려 법인 등이 저작물에 근로자의 이름을 넣어 주려는 배려마저 차단하는 역효과가 있으므로 이러한 단서규정을 삭제함으로써 법인 등에 종사하는 자가 업무상 작성하는 저작물은 기명 저작물이라고 하더라도 특약 등이 없는 한 법인 등을 저작자로 본다고 규정하고 있다.[93]

다섯째, 법인 등의 사용자와 저작물 작성자인 종업원 사이의 계약이나 근무규칙 등에 있어서 다른 정함이 없어야 한다. 즉, 단체의 명의로 공표하더라도 저작권은 작성자인 종업원이 갖는다거나 일정 기간이 경과하면 종업원에게 저작권이 귀속된다거나 하는 특약(特約)이 있다면 그대로 따라야 한다는 것이다. 따라서 업무상저작물로서의 모든 요건을 갖춘 저작물의 경우라도 그것에 따른 별도의 계약사항이 있다면 업무상저작물이 아닌 개인 명의의 저작물이 되는 경우도 있다고 하겠다.[94]

3) 저널리즘 활동과 업무상저작물

앞서 살핀 것처럼 저작물의 창작은 본래 자연인으로서의 사람이 하는 것이기 때문에 자연인만이 창작자가 되는 것이 원칙이지만, 법적으로는 업무상 작성된 저작물의 경우 법인이나 단체가 창작의 주체, 즉 저작자로 인정된다. 저널리즘 활동에 있어서도 이 같은 원칙은 그대로 준용되므로 취재과정을 거쳐 만들어진 각종 기사 및 사진 등 저작물의 저작자는 취재를 담당한 기자가 되는 것이 아니라 해당 언론사가 된다. 다만, 언론사가 업무상저작물의 저작자가 되려

---

93) 문화관광부·저작권심의조정위원회(2007), 『개정 저작권법 해설』, pp. 21~22 참조.

94) 한편, 미국을 비롯한 외국에서는 이러한 업무상저작물을 '직무상저작물(work made for hire)'이라고 해서 특별히 주문을 받거나 일정한 사용을 위하여 촉탁을 받아 작성된 저작물을 포함하는 개념으로도 쓰이고 있다.

면 다음과 같이 구체적인 요건을 충족해야 한다.

첫째, 언론사 내부에서 특정 저작물의 작성에 대한 기획이 이루어져야 한다. 만일 외부의 개인이나 집단에서 특집기사에 대한 기획안을 제안해서 이루어지는 취재라면 업무상저작물이 될 수 없을지도 모르므로 주의할 필요가 있다.

둘째, 언론사에 소속된 근로자로서의 기자가 작성한 저작물이어야 한다. 여기서 '근로자'란 "고용계약에 의하여 회사나 단체 등의 업무를 위하여 고용된 사람"을 말하므로 입사 절차에 따라 채용된 언론사 소속의 기자 또는 직원을 가리킨다. 따라서 청탁에 따라 이루어지는 외부 필자에 의한 칼럼이나 취재기사 또는 사진이나 삽화의 저작자는 언론사가 아닌 외부 개인이 되므로 주의해야 한다.

셋째, 언론사 내규에 따라 업무상 작성한 저작물이어야 한다. 곧 언론사 고유의 업무로서 근로의 일환으로 작성된 저작물이어야 한다는 뜻이다. 기자가 비록 근무시간에 작성한 저작물일지라도 회사의 업무가 아닌 개인적 취미로 창작한 저작물이거나 퇴근 후와 같이 업무시간 이외에 작성한 저작물은 업무상저작물이 아니라 개인 저작물이 된다.

넷째, 언론사 명의로 공표되어야 한다. 여기에는 언론사 명의로 공표할 것을 예정한 것도 포함된다. 과거에는 업무상저작물에 근로자의 성명을 표시하여 공표한 때에는 해당 근로자를 업무상저작물의 저작자로 보았지만 2006년 12월 28일 전부개정된 저작권법(2007년 6월 29일 발효)에 따라 업무상저작물에 근로자의 성명이 표시된 채 공표되었다는 이유만으로는 근로자를 업무상저작물의 저작자로 인정하지 않게 되었다. 기명 기사의 경우에 표시되는 기자의 이름은 저작자 표시가 아닌 해당 업무의 담당자 표시로 본다는 점에 주의해야 한다. 따라서 게재된 기사나 사진 또는 그림뿐만 아니라 게재될 목적으로 작성되었지만 편집 과정에서 누락된 일체의 저작물은 모두 해당 언론사가 저작자로 인정되므로 이용하는 데 있어 각별한 주의가 요망된다.

다섯째, 언론사 자체의 근로계약이나 근무규칙에 업무상 작성한 저작물의 저작자를 근로자로 한다는 등의 특별한 약정이나 규정이 없어야 한다. 그러한 약정이나 규정(특약)이 있는 때에는 그 저작물의 저작자는 언론사가 아니라 해당 근로자(기자나 직원)가 된다.

2. 시사보도의 저작물성에 따른 여러 가지 문제

1) 사실의 전달에 불과한 시사보도와 저작권

현행 저작권법에서는 "인간의 사상이나 감정을 표현한 창작물"을 '저작물'이라고 하고, 이러한 저작물을 창작한 사람에게 배타적 권리인 저작권을 부여한다. 반면 저작권법은 '사실의 전달에 불과한 시사보도'를 '보호받지 못하는 저작물'로 규정한다. 그렇다면 이는 사실의 전달에 불과한 시사보도의 경우 '저작물성'이 없으므로 보호할 필요가 없다는 뜻일까? 아니면 저작물성이 인정됨에도 불구하고 국민의 사실보도에 대한 접근 혹은 알권리 차원의 공익 목적을 위해 저작권 보호의 범위에서 제외한다는 뜻일까?

필자의 판단으로는 '저작물성'이 없다는 점을 고려한 것으로 판단된다. 만일 후자의 의미로 해석하는 경우에는 저작권법상 '저작물'의 범위에 속하지만 저작권법의 보호대상에서 제외되는 '사실의 전달에 불과한 시사보도'의 범위가 어디까지인가를 결정해야 하는 문제가 생기기 때문이다. 곧 신문이나 방송뉴스의 경우 그것의 '저작물성'을 바탕으로 '사실의 전달에 불과한 시사보도'의 여부를 따져야 한다는 뜻이다. 다음 장에서 구체적으로 살펴보겠지만, 우리 대법원이 제시한 "언론매체의 정형적이고 간결한 문체"로 표현된 기사의 경우 저작자의 개성이 나타나지 않는다는 점에서 "창작성이 없다"고 볼 수 있고, "저자의 개성이 나타난 기사는 저작물로서 보호된다"는 판단 역시 '저작물성'에 바탕을 둔 결과이기 때문이다.

이로써 우리 법원에서는 저작물성 판단을 위하여 전통적인 대륙법계의 '창작성(level of creativity)' 기준뿐만 아니라 영미법계의 '투여된 노력과 기술(degree of labor and skill)' 기준도 고려하고 있는 것으로 보인다. 저작물성 인정의 범위가 그만큼 넓어졌다는 뜻이기도 하지만, 학계에서는 신문기사의 저작물성에 대해 상당히 좁게 해석하고 있어서 주의가 필요하다. 곧 '사실의 전달에 불과한 시사보도'의 예로서 "인사발령, 부고기사, 간단한 사건사고 기사" 등을 들고 있어 그 범위를 대법원의 입장보다 더 좁게 해석(오승종·이해완, 송영식·이상정)하고 있기 때문이다.

거듭 살피건대, 그것이 시사보도에 불과할지라도 저작권은 발생한다. 2010년 1월 문화체육관광부와 한국언론진흥재단은 〈뉴스도 저작권법 보호를 받습니다〉라는 소책자를 발간하고, 뉴스저작물의 저작권을 홍보한 적이 있다. 이

책자에 따르면, 한국언론진흥재단이 2009년 6월부터 9월까지 재단에 저작권을 신탁한 54개 매체를 대상으로 실시한 "뉴스저작물 이용실태 조사"에 따르면 뉴스저작물을 업무에 사용 중인 1,605개 정부·공공기관 및 기업체 중 1,512곳 (94.2%)이 저작권을 침해한 것으로 나타났다고 한다. 저작권자의 피해액은 뉴스기사 건당 1년 사용료 10만 원을 기준으로 414억 원에 달했다고 분석하고 있을 정도로 우리 정부나 공공기관의 뉴스저작권 인식은 극히 낮은 수준에 있는 것으로 보인다.

결국 어느 기관에서 홈페이지에 비영리 목적으로 관련 뉴스기사의 전문을 올리면서 기사의 출처를 밝힌 것은 물론이고 기자의 동의까지 구했더라도 이 기관은 해당 언론사의 저작권을 침해한 것이 된다. 뉴스기사의 저작권자인 언론사와 이용계약을 체결하지 않았기 때문이며, 개인 블로그나 인터넷 카페의 경우도 마찬가지이다. 따라서 보도기사를 포함하여 저널리스트들의 결과물을 이용하려면 뉴스저작물 신탁관리단체(한국언론재단)를 통하여 이용허락을 얻는 것이 바람직하다.

2) 인터뷰·대담·좌담회 등의 저작권

문장으로 표현된 것뿐만 아니라 음성(音聲)으로 표현된 것도 그것이 그 사람의 사상 또는 감정을 창작적으로 표현된 것이라면 저작권법의 보호대상이 되는 것은 당연하다. 신문이나 잡지에서는 청탁의 형식으로 저작자로 하여금 원고를 쓰게 할 뿐만 아니라 저작자의 구술을 녹음이나 속기의 방법으로 원고로 만들어 게재하는 경우도 있는데, 이 경우 저작권을 보호하는 데 있어서는 저작자가 직접 쓴 원고이든 아니면 구술에 의한 원고이든 별로 차이가 없다. 그런데 인터뷰 기사라면 그 문제가 좀 복잡해진다.

　인터뷰란 일반적으로 기자나 편집자 등 인터뷰를 하는 사람이 상대의 구술을 받아 적은 다음 나중에 그것을 원고로 풀어써서 상대방인 취재원(화자)의 승낙을 얻는 경우가 대부분이다. 이때 인터뷰를 하는 사람은 질문이나 화제를 유도하는 여러 가지 기법을 동원해서 상대방으로부터 일정한 내용을 갖는 이야기를 묘사해 내도록 노력하는 역할을 담당한다. 따라서 인터뷰를 맡은 사람은 취재원의 저작활동(구술)에 직접적으로 참가할 뿐만 아니라 기사의 문장도 스스로 쓰지만 완성된 문장 그 자체는 취재원(화자)의 저작물로서 그 명의로 공표되는 것이기 때문에 저작권은 취재원에게 있고 인터뷰를 요구한 기자나 편집자에게 있다고 보기 어렵다. 그것은 기자나 편집자의 업무 특성으로 보아 표면에 드러나지 않는 곳에서 진력함으로써 매체의 존립에 기여한다는 측면에서 이해해야 할 문제이다.

　다시 살피건대, 기사의 대부분이 정치·경제·스포츠·연예계의 현실을 분석하고 전망하는 것을 내용으로 하고 있다 하더라도, 그 분석과 전망의 근거로서 취재 분야의 전문가와 연예인의 인터뷰 내용을 그대로 인용하는 경우가 많기 때문이다. 인터뷰한 내용을 직접 인용하거나 간접으로 인용하더라도 인터뷰 상대방의 표현에 별도의 창작적 표현이 추가되지 않는 한, 그 부분에 대한 저작권은 인터뷰에 응한 사람에게 있는 것으로 보아야 한다. 그러므로 인터뷰를 근거로 한 기사의 경우에는 전체 기사를 인터뷰 상대방이 대답한 부분과 그 밖의 부분으로 나누고, 전자의 경우 인터뷰 상대방이 실제로 대답한 표현과 기사의 표현이 어느 정도 유사한지, 그리고 다른 부분이 있다면 별도의 창작성을 인정할 정도로 표현의 변경이 있었는지의 여부를 살펴야 한다. 그러나 대부분의 경우, 인터뷰 상대방이 실제로 표현한 부분에 대해서는 입증하기가 쉽지 않을 것이고, 인터뷰한 내용은 실제 인터뷰의 표현과 거의 유사하게 표현되었을 것임을 어렵지 않게 짐작할 수 있다.

결국 기사 중 인터뷰에 의한 것으로 표기된 부분은 기사의 저작자가 새로운 창작성을 부가하지 않은 것으로 추정할 수 있겠고, 인터뷰 기사 중 인터뷰 상대방이 대답한 것 이외의 부분이 있고 그 부분에 대해 별도의 창작성을 인정할 수 있다면 그 기사는 '2차적저작물'로 보아야 할지도 모르겠다. 보도자료를 바탕으로 작성한 기사도 마찬가지일 것이다.

그런데 신문이나 잡지에 실린 인터뷰 기사 끝에 "문장상의 책임은 기자(또는 편집자)에게 있음"이라고 덧붙인다면 이는 문장 표현에 관해 기자(또는 편집자)가 책임을 진다는 의미라고 보아 저작권법상 취재원(화자)과 공동저작자의 지위를 갖는 것으로 볼 수 있다. 그러므로 기자가 인터뷰를 함에 있어서 취재원과 대등한 입장에서 그 발언 내용을 유도하거나 질문을 행함으로써 취재원의 자발적인 의사 표현에 절대적으로 영향을 미친다면 그것은 이미 인터뷰가 아니라 '대담(對談)'이라고 부르는 것이 마땅하다.

이러한 대담의 형식도 잡지나 신문에서 흔히 지면을 채우는 데 사용되는 방법이다. 일반적으로 대담에서는 이에 임하는 당사자 양측이 의견을 교환하며 토론하고 논쟁을 하게 되는데, 만일 이러한 대담에서 발언한 사람의 발언 부분을 따로따로 떼어내어 그 나름대로 어느 한쪽의 저작물로서 단독으로 취급할 수 있는 경우가 있다면 그 대담기사는 대담에 참가한 사람들의 독립적인 저작물로 볼 수 있다. 하지만 양측의 발언이 상당히 뒤얽혀 있어서 어느 한쪽이 말한 부분만 떼어놓고서는 도무지 의미를 가질 수 없는 경우에는 대담에 참여한 사람들 모두의 공동저작물이라고 보는 것이 타당하다. 여러 사람이 참가한 '좌담회'의 경우에도 마찬가지이다.

그렇다면 '사실의 전달에 불과한 시사보도'와 인터뷰 또는 보도자료의 내용에 새로운 창작적 표현이 추가되지 않은 채 기사화된 경우, 다른 신문에서 그 기사를 마치 자신이 취재하여 작성한 것처럼 게재한다면 저작권 침해일까, 아닐까? 정답은 '아니다'이다. 다만 한국신문윤리위원회의 실천요강에 기사의 출처명시와 표절 금지가 규정되어 있어서, 이를 위반한 경우 위원회의 심의·결정에 의해 공개 또는 비공개 경고나 주의조치를 받을 뿐이다.

문제는 경쟁사에 의한 신문기사의 표절이 매우 심각한 수준에 이르고 있다는 점이다. 〈신문의 통신기사 출처 표기 실태〉에 관한 조사(조용철)에 따르면, "대구·경북지방의 5개 주요 일간지는 2002년 8월 한 달 동안 국가 기간통신사인 연합뉴스에서 송고한 각종 기사 가운데 모두 6,321건을 전재하면서 크레디트(출처표시)를 붙인 것이 2,906건으로 전체의 46%를, 달지 않은 것이 3,415건으로 54%를 차지했고, 중앙일간지의 경우 각각 28%와 72%에 달했다"고 한다. 이처럼 출처표시가 이루어지지 않는 원인을 조사자는 "중요한 기사인데 자사의 기자가 미처 취재하지 못한 경우, 보도자료를 확보한 경우, 통신기사를 많이 활용하는 데 따른 부담과 신문의 이미지 실추 우려 등"으로 분석하고 있어서 주목된다. 나아가 표절의 폐해에 대한 인식 부족, 중소 신문사의 열악한 재정으로 인한 인력 부족, 그리고 최신 기사를 인터넷에서 쉽게 확보할 수 있는 매체환경도 한몫하고 있는 게 아닌가 싶다.

신문기사의 취재와 편집은 비록 그 내용이 저작권의 보호대상이 될 수 있는 수준에 미치지 않는 것이라도 사회적으로 큰 가치가 있다는 사실만큼은 누구도 부정할 수 없을 것이다. 따라서 신문기사의 취재와 편집행위 과정에 표절과 같은 무임승차 행위가 있어서는 안 될 것이다. 따라서 저널리스트들은 '신문윤리 실천요강' 제8조의 "언론사와 언론인은 신문, 통신, 잡지 등 기타 정기간행물, 저작권 있는 출판물, 사진, 그림, 음악, 기타 시청각물의 내용을 표절해서는 안 되며 내용을 전재 또는 인용할 때에는 그 출처를 밝혀야 한다"는 규정을 금과옥조(金科玉條)로 삼아야겠다.

3) 보도자료를 바탕으로 작성한 기사와 저작권

앞서 살핀 대로 "기사의 대부분이 정치·경제·스포츠·연예계의 현실을 분석하고 전망하는 것을 내용으로 하고 있다 하더라도, 그 분석과 전망의 근거로서 취재 분야의 전문가와 연예인의 인터뷰 내용을 그대로 인용하는 경우"에는 해당 기사의 저작자가 기자와 더불어 여러 사람이 될 수 있다. 곧 인터뷰한 내용을 직접 인용하거나 간접으로 인용하더라도 인터뷰 상대방의 표현에 별도의 창작적 표현이 추가되지 않는 한, 그 부분에 대한 저작권은 인터뷰에 응한 사람에게 있는 것으로 보아야 한다는 뜻이다. 그러므로 인터뷰를 근거로 한 기사의 경우에는 전체 기사를 인터뷰 상대방이 대답한 부분과 그 밖의 부분으로 나누고, 전자의 경우 인터뷰 상대방이 실제로 대답한 표현과 기사의 표현이 어느 정도 유사한지, 그리고 다른 부분이 있다면 별도의 창작성을 인정할 정도로 표현의 변경이 있었는지의 여부를 살펴야 한다.

그렇다면 보도자료를 바탕으로 작성한 기사는 어떻게 될까?

최근 특정 언론사가 몇몇 기업체(출판사)를 상대로 저작권 침해 부분에 대하여 손해배상을 하라고 요구하는 바람에 논란이 일었던 적이 있다. 일간지 북섹션에 소개된 신간 서평기사를 해당 출판사에서 임의로 자사 홈페이지에 게시하면서 문제가 불거진 것이었다. 이에 대해 관련 업계에서는 문제가 된 서평기사 대부분이 출판사에서 신간과 함께 보내 준 보도자료의 내용을 그대로 베낀 것이나 마찬가지인데 신문사에서 저작권 운운하는 것은 적반하장이라고 주장하였다. 그리고 일부 출판사에서 보낸 보도자료와 서평기사를 비교해 본 결과 출판사의 주장에 일리가 있음을 확인하고 그것의 공동저작물성에 대해 생각해 보았다.

현행 저작권법에서는 "두 사람 이상이 작성한 저작물로서 각자의 이바지한 부분을 분리하여 이용할 수 없는 것"을 가리켜 '공동저작물'이라고 규정한다.

　일반적으로 하나의 저작물에는 그것을 작성한 주체가 하나인 경우, 즉 단독 저작의 형태가 대부분이지만 경우에 따라서는 저작자가 여럿인 경우도 있다. 공표된 도서를 예로 들면, 저작물을 작성한 저작자의 유형에 따라 흔히 '저(著)' 또는 '지음', '역(譯)' 또는 '옮김', '편저(編著)' 또는 '엮음' 등의 단어가 따라붙는다. 여기서는 순수한 창작인가, 아니면 다른 언어로 옮긴 것인가, 또는 다른 사람이 작성한 여러 편의 저작물 중에서 가려 뽑아 그것을 엮어 새로운 저작물을 작성하였는가 하는 점을 기준으로 한 것이지만, 그렇게 해서 만들어진 저작물이라고 하더라도 만약에 저작자가 한 명이 아닌 두 명 이상이라면 저작자의 표시가 달라질 수밖에 없다. 즉, '공저(共著)' 또는 '공역(共譯)', '공편(公編)' 등이 그것인데, 이런 경우의 저작물을 일단 '공동저작물'이라고 할 수 있다.

　그런데 저작자가 둘 이상인 저작물이라고 하더라도 그 성질을 살펴보면 사뭇 다른 점을 발견하게 된다. 어떤 경우에는 여러 사람이 같이 작성했지만 각각의 저작자가 각자 작성한 부분을 분명하게 알 수 있는가 하면, 어떤 경우에는 하나의 저작물 속에서 누가 어디까지 작성하고 어디까지 손대지 않은 것인지 알 수가 없을 수도 있기 때문이다. 따라서 저작권을 행사함에 있어 그 권리의 주체를 파악하기 어려운 경우가 생기는데, 이런 문제를 합리적으로 해결하기 위해 공동저작물에 관한 정의 규정이 있는 것으로 보인다.

　따라서 보도자료에 의거하여 작성된 서평기사라면 보도자료를 작성한 출판사와 서평기사를 작성한 기자(언론사)의 공동저작물로 보아도 무방하지 않을까. 기왕에 보도자료를 보냈다는 점에서 그것을 기자가 이용한 것 자체를 출판사가 문제 삼을 수는 없겠지만, 그렇게 만들어진 기사를 가져다 썼다고 해서 이를 저작권 침해로 공격하는 것 역시 권리의 남용이 아닐까 생각한다. 물론 보도자료를 참고한 것 자체가 공동저작물로서의 요건이 되는 것은 결코 아니다. 말

그대로 참고만 했을 뿐 기자가 나름대로 생각하고 판단한 내용을 위주로 기사가 작성되었다면 당연히 언론사의 단독 저작물이 되는 것이다. 어쨌든 보도자료를 내는 곳이 비단 출판계만은 아닐 것이므로 이러한 분쟁의 소지는 폭넓게 잠재해 있는 것으로 보인다.

다만, 개인이나 단체에서 작성한 보도자료를 원문 그대로 기사화한 경우, 언론사 사이트의 메인 페이지로 이동하는 '단순 링크'나 원하는 정보로 직접 연결되는 '직접 링크' 방식으로 뉴스를 게재하는 경우에는 저작권 침해가 아니다. 아무리 자사 또는 자신과 관련된 보도기사라 하더라도 기사화한 언론사의 저작권을 먼저 생각해 보는 습관이 필요한 때이다.

4) 그 밖에 뉴스저작권의 귀속에 관한 문제[95]

앞서 살핀 바와 같이 뉴스기사는 그것이 사실의 정형적인 구성과 표현을 통한 보도인 경우에는 저작권의 성립을 인정하기 어렵지만, 소재의 선택과 배열 및 표현에 있어 창작성이 인정되는 경우에는 사실을 제외한 그 부분에 대하여 저작물로서 보호 받을 수 있다. 그러나 이러한 뉴스저작물에 대하여 누가 저작권자로서의 권리를 주장할 수 있는가 하는 문제는 별개로 다루어질 필요가 있다. 업무상저작물이 명백한 경우를 제외하고, 인터뷰 또는 좌담회 및 대담회 형식과 더불어 보도자료 의존형 기사에 대하여 살펴본 바와 같이 그 권리의 주체가 모호해지는 경우가 있기 때문이다. 그 밖에 좀 더 살펴볼 필요가 있는 경우는 다음과 같다.

---

95) 한지영(2007), 「뉴스에 대한 권리 귀속에 관한 소고」, 《창작과 권리》(서울: 세창출판사) 통권 48호(2007년 가을호) 참조.

먼저, 최초에 송고된 기사가 추후에 수정 및 편집된 경우를 들 수 있다. 기사 작성 후 보도되기 전에 편집데스크의 검토를 받아 변경된 경우에는 그 변경이 단순한 오기(誤記)의 수정이나 조언을 한 정도인가, 상당 부분에 대한 실질적 변경과 새로운 편집행위가 개입된 것인가에 따라 검토자가 공동저작자 혹은 편집저작자로 인정될 가능성이 생길 수도 있다. 그러나 해당 언론사 소속의 기자가 작성한 기사의 경우에는 검토자와 기자 모두 피용인(被用人) 신분이므로 업무상저작물에 해당하여 언론사가 저작자가 되므로 공동저작물의 문제가 발생하지 않는다. 다만, 외부 기고 혹은 청탁에 의한 기사의 경우에는 저작자의 허락 없는 수정은 오히려 저작인격권(동일성유지권) 침해가 될 수 있으므로 저작자의 동의에 따라 공동저작물로 인정될 정도의 변경이 이루어진 경우가 아니라면 공동저작자가 성립할 가능성은 거의 없을 것으로 판단된다.

두 번째로 취재원 의존형 기사를 생각해 볼 수 있다. 다른 사람이 사용한 문장이나 표현 혹은 대화 자체를 직접 기사에 인용하는 보도자료 인용형 기사나 인터뷰형 기사에 해당하지는 않지만, 많은 기사들이 취재대상이 준 정보나 자료를 바탕으로 작성된다. 이러한 취재원 의존형 기사는 다시 단순히 기사에 대한 아이디어나 힌트를 제공받아 작성될 수도 있고, 취재원 진술의 상당 부분을 이용하여 작성될 수도 있다. 곧 취재원으로부터 단순한 테마나 아이디어만 제공 받아 기자가 작성한 기사라면 당연히 업무상저작물에 해당한다. 하지만 만일 취재원 이용 정도에 있어 증언이나 진술의 상당 부분을 그대로 인용한 정도라면 인터뷰형 기사와 마찬가지로 다룰 수 있을 것이다. 다만, 일반적으로 취재원의 존재 여부나 신원을 밝히지 않는 경우가 많으므로 인터뷰형 기사와는 달리 이용자가 특정 취재원 의존형 기사를 공동저작물로 판단하기에는 현실적으로 어려운 측면이 있으며, 취재원도 자신이 공동저작자임을 증명하는 것이 쉽지 않을 것이다.

그 밖에 만약 취재원의 진술에 상당 부분을 의존하였으나 이를 기자가 자신의 표현으로 재구성하였다면 취재원의 저작권을 인정할 여지는 그만큼 줄어들 수밖에 없다. 다만, 이런 경우에 취재에 응하여 자료를 제공하고 진술한 취재원이 자신의 이야기를 담은 기사를 이용하기 위하여 반드시 저작권사용료를 지불하고 이용허락을 받아야 한다면 이는 취재원의 입장에서 볼 때 부당하다고 여겨진다. 물론 현행 저작권법상 저작자가 아닌 이상 특정 저작물을 이용하려면 당연히 저작재산권자의 허락을 받아야 하지만, 만일 취재원이 자신을 등장시킨 기사를 자유롭게 이용하겠다고 주장한다면 이를 거부할 근거 또한 마땅치 않다는 뜻이다.

따라서 단순히 기사에 실린 사람과 기사 작성에 있어 상당한 기여를 한 취재원은 분명히 다르게 취급해 주어야 할 것으로 판단된다. 이를 위하여 저작재산권의 제한에 해당하는 공정이용(fair use)과 유사한 규정을 언론사 내부 또는 신탁관리기관의 뉴스저작물 사용계약약관에 명시함으로써 뉴스저작물 작성과 관련된 사람들의 이해관계를 조정하는 방안이 검토되어야 할 것이다.

3. 저널리즘과 저작재산권의 제한

1) 저작재산권을 제한하는 이유

저작권자의 재산적 권리를 보호하기 위하여 마련된 제도적 장치인 저작권법에서는 저작재산권에 대하여 다양한 측면에서 여러 가지를 규정하고 있다. 하지만 저작권법을 제정한 목적이 저작자의 권리와 이에 인접하는 권리를 보호하는 것은 물론 저작물의 공정한 이용을 도모함으로써 문화와 관련 산업의 향상발전에 이바지하는 데 있으므로 공공성 또한 무시할 수 없을 것이다. 저작재산권은 물권(物權)과 같은 소유권에 속하는 배타적인 지배권이므로 법에 따라 보호되는 저작물은 그 보호기간이 지나지 않은 이상 저작재산권자의 허락 없이 함부로 이용할 수 없는 것이 원칙이지만, 저작권 역시 다른 사권(私權)과 마찬가지로 일정 부분에 있어서는 공익적인 차원의 제한이 불가피할 수밖에 없다는 뜻이다.

이 같은 뜻을 반영하여 현행 저작권법에서는 저작자의 개인적 이익과 사회의 공공적 이익을 조화시키기 위하여 일정한 범위 안에서 '저작재산권의 제한', 즉 저작물의 자유이용을 허용하고 있다. 그러므로 저작권법에서 규정하고 있는 저작재산권의 제한 사유에 해당되는 경우에는 법이 정하는 조건에 따라 저작재산권자의 허락 없이도 저작물을 자유롭게 이용할 수 있는데, 이를 외국에서는 '공정이용(fair use)'이라고 한다.[96] 이와는 별개로 오늘날에는 인터넷

---

96) 한승헌(1998), 『저작권의 법제와 실무』(서울: 삼민사), pp. 50~55 참조.

등 디지털 미디어의 활성화에 따라 저작권 '공유'의 문제가 또 다른 화두로 등장하고 있다.[97]

이와 같은 취지에 따라 현행 저작권법에서는 다음과 같이 모두 14개 조에 걸쳐 저작재산권에 가해지는 제한의 유형들을 규정하고 있다.

제23조 재판절차 등에서의 복제

제24조 정치적 연설 등의 이용

제25조 학교교육목적 등에의 이용

제26조 시사보도를 위한 이용

제27조 시사적인 기사 및 논설의 복제 등

제28조 공표된 저작물의 인용

제29조 영리를 목적으로 하지 아니하는 공연·방송

제30조 사적 이용을 위한 복제

---

97) 저작권은 '인권(人權)'처럼 자연적 혹은 천부적인 권리라기보다는 자본주의에 입각한 경제성의 원리에 따라 만들어진 실정권(實定權)의 성격이 짙다. 따라서 그것을 둘러싼 보호 또는 보상의 원칙과 함께 공유의 가치가 대립할 수밖에 없는 구조를 지니고 있다. 그런데 여기서 '공유'의 뜻은 다의적이다. 일반적으로 '公有'와 '共有'라는 두 가지 뜻이 혼용되고 있기 때문인데, '公有'란 '私有'의 반대 의미라면 '共有'는 '專有'의 반대 의미로 해석된다. 먼저 '公有'라고 하면 공공이 소유하고 있다, 즉 그 누구도 소유하고 있지 않은 공유영역(public domain)에 있다는 뜻이므로 모든 사람들이 자유로이 사용할 수 있다. 만약 私有였던 재산이 公有가 되었다면 이는 원래의 소유자가 소유권을 포기한 경우로서 일단 公有가 된 재산은 다시 私有 재산으로 돌아갈 수 없다. 누구도 마음대로 이를 처분할 수 없기 때문이다. 이에 반하여 '共有'는 'sharing'의 결과를 나타내는 'common'의 뜻을 지닌다. 즉 전유 내지 독점이 아니라 다른 사람과 나눈다는 의미이다. 주인이 없는 것이 아니라 여느 사유재산처럼 소유자가 엄연히 존재하지만 자신의 소유 재산에 대한 독점적 이용을 고집하지 않고 다른 사람에게도 이용을 허락할 뿐이다. 이 경우 이용자는 이용할 권리만 있을 뿐 그 재산에 대한 소유권을 취득할 수는 없다. 곧 저작권의 대상인 저작물의 공유란 사유를 거부하자는 것이 아니라 독점적 이용을 양보하자는 것으로 해석되며, 아울러 독점을 포기하도록 강요하는 것이 아니라 자발적인 제공을 기대하는 것이다. 결국 저작권 공유(sharing copyright)는 공정이용이 가능한 공유영역(public domain)을 기본으로 하되 권리자가 스스로 자유이용을 허락함으로써 독점이 배제된 상태(common)를 포함하는 넓은 의미로 볼 수 있을 것이다. 손수호(2006), 「디지털 환경에서의 저작권 공유인식에 관한 연구」, 경희대학교 대학원 박사학위 논문, pp. 14~20 참조.

이 중에서 저널리즘 영역과 관계가 있는 부분을 살펴보면 먼저 '정치적 연설 등의 이용'에 있어 "공개한 법정·국회 또는 지방의회에서 행한 연술, 공개적으로 행한 정치적 연설"을 시사보도에 이용하는 것은 저작재산권 침해가 아니다. 또한 '시사보도를 위한 이용'과 관련해서 예를 들면, 어느 화랑에 전시 중이던 유명 화가의 그림이 도난당하는 사건이 발생했을 경우, 사건을 널리 알리기 위한 목적으로 도난당한 그림을 텔레비전 뉴스 화면으로 방송하거나 신문 또는 잡지에 해당 그림의 복제사진을 싣는 것은 불가피하며, 유명 정치인의 동정에 관한 보도를 하면서 그가 움직이는 화면이나 사진 속에 누군가의 그림이나 기타 저작물이 함께 찍혀 나오는 경우, 음악회에 관한 보도를 하는 과정에서 노래나 연주곡이 들리는 경우 등도 시사보도를 하는 과정에서 보이거나 들릴 수밖에 없는 상황이기 때문에 저작재산권 침해가 되지 않는다.

다만, '정치적 연설 등의 이용'에 있어 공개적으로 행한 정치적 연설, 법정·국회 또는 지방의회에서 공개적으로 행한 진술이라 하더라도 "동일한 저작자의 연설이나 진술을 편집하여 이용하는 경우에는 그러하지 아니하다"는 단서조항을 두고 있다는 점에 주의해야 한다. 이는 베른협약에서 "재판절차에서의 진술 및 정치적 연설 등의 저작자는 편집저작물을 작성할 권리를 갖는다"고 규정한 데 따른 것으로 보인다. 예컨대, YTN의 시사 프로그램으로 인기를 끌고 있는 〈돌발영상〉은 일반적인 뉴스나 시사 프로그램에서 다루기 어려운, 영향력 있는 인물들의 소소한 발언이나 행동을 집중적으로 모아 풍자 형식으로 편집하여 방송하고 있지만, 이는 저작재산권의 제한에 해당하는 '정치적 연설 등의 이용'에서 벗어나 해당 인물(정치인)의 저작권을 침해할 소지가 있다. 따라서 특정 인물의 정치적 연설을 편집해서 이용하려면 한 사람이 아닌 여러 사람을 비교하는 형식이거나 편집하지 말고 통째로 이용하는 것이 저작재산권 침해로부터 자유로운 이용방식이 아닐까 싶다.

한편, 이와 같이 저작재산권을 제한하는 이유를 살펴보면 다음과 같다.

첫째, 저작물 이용의 성질에 비추어 보아 저작재산권이 미치는 것으로 해석해서는 타당하지 않은 것.

둘째, 공익적인 측면에서 저작재산권을 제한할 필요가 있다고 인정되는 것.

셋째, 다른 권리와의 형평을 위해 저작재산권을 제한할 필요가 있는 것.

넷째, 사회적 관행처럼 이미 행해지고 있으며, 저작재산권을 제한해도 저작재산권자의 경제적 이익을 부당하게 해치지 않는다고 인정되는 것.

이처럼 제한하는 이유에 약간의 차이가 있기는 하지만 결국에는 저작물이 문화적 소산이므로 이를 공정하게 이용할 수 있도록 배려한다는 취지에서 비롯된 규정이라고 하겠다. 하지만 이 같은 저작재산권의 제한사항은 어디까지나 재산적인 권리에만 미칠 뿐, 공표권·성명표시권·동일성유지권으로 요약되는 저작인격권에까지 미치는 것은 절대 아니다. 예를 들어, 시사보도를 함에 있어 '인용'이 허용된 타사의 기사를 가져다 쓰는 경우 해당 기사를 취재한 기자 성명과 더불어 해당 언론의 제호 및 발행일을 밝혀야 하며, 기사의 내용을 임의로 변경해서는 안 된다는 뜻이다.

결국 저작재산권의 제한 규정에 해당하는 이용이라 하더라도 이용자들은 '공표된 저작물'을 대상으로 삼아야 하며, 저작물에 표시되어 있는 저작자의 실명 혹은 이명을 반드시 명시해 주어야 하고, 나아가 허용된 범위를 벗어나서 내용을 함부로 변형시켜서는 안 된다는 사실을 절대 잊지 말아야 한다.

2) 시사보도를 위한 이용

　　현행 저작권법에는 '저작재산권의 제한'과 관련해서 '시사보도를 위한 이용'에 대한 규정이 있다. "방송·신문 그 밖의 방법에 의하여 시사보도를 하는 경우에 그 과정에서 보이거나 들리는 저작물은 보도를 위한 정당한 범위 안에서 복제·배포·공연 또는 공중송신할 수 있다"고 규정하고 있는 것이다. 여기서 말하는 '시사보도'란 일반적으로 '그 당시에 일어난 세상의 여러 가지 일을 대중매체를 통해 널리 알리는 일'을 뜻한다. 즉 라디오나 텔레비전·영화·신문·잡지 등을 통하여 시사적인 내용을 보도할 때 저작권 보호를 받고 있는 저작물이 보이거나 들리는 경우가 있는데, 그것이 보도를 위한 정당한 범위 안에서 일어났다면 저작재산권의 침해가 되지 않는다는 뜻이다.

　　또 보도의 효과를 높이기 위해 복제·배포·공연 또는 공중송신의 형태로 이용하는 경우도 저작권 침해의 예외가 될 수 있다. 예를 들면, 어느 화랑에 전시 중이던 유명 화가의 그림이 도난당했을 경우 그 사건을 널리 알리기 위해 문제의 그림을 텔레비전 화면을 통해 방송하거나 신문 또는 잡지에 해당 그림을 찍은 사진을 싣는 것은 불가피한 일이 아닐 수 없다. 이런 경우에는 저작물 자체가 그 사건의 구성 부분이 된다. 또 유명 정치인의 동정을 보도하는 화면이나 사진 속에 누군가의 그림, 조각 등 작품이 함께 찍혀 나오는 경우, 저작권을 문제 삼기 어렵다. 음악회를 보도하는 과정에서 노래나 연주곡이 들리는 경우도 마찬가지이다.

하지만 이 규정은 어디까지나 '시사보도를 위해 어쩔 수 없이 저작물을 정당한 범위 안에서 이용하는 경우'에만 해당한다. 일부 잡지 등이 특정 작가의 사진이나 그림 등을 무단 전재하면서 마치 뉴스 보도를 하는 것처럼 교묘한 편집을 하는 경우가 있는데, 이 경우는 '시사보도를 위한 정당한 범위 내의 이용'이라고 볼 수 없기 때문에 문제가 될 수 있다. 또 방송의 경우도 시사성이 없는 오락 또는 교양 프로그램에서 허락 없이 저작물을 이용하는 것은 법적으로 허용되지 않는다.

3) 시사적인 기사 및 논설의 복제

현행 저작권법에서는 '시사적인 기사 및 논설의 복제 등'에 대하여 규정하고 있다. "정치·경제·사회·문화·종교에 관하여 「신문 등의 진흥에 관한 법률」 제2조의 규정에 따른 신문 및 인터넷신문 또는 「뉴스통신진흥에 관한 법률」 제2조의 규정에 의한 뉴스통신에 게재된 시사적인 기사나 논설은 다른 언론기관이 복제·배포 또는 방송할 수 있다. 다만, 이용을 금지하는 표시가 있는 경우에는 그러하지 아니하다"는 규정으로, 말하자면 관련 법에서 '언론사'로 규정한 매체는 다른 언론이 보도한 내용을 합법적으로 옮겨 실을 수가 있다는 것이다. 다만 원보도를 한 언론사가 '무단 전재를 금한다'라는 취지의 표시를 했다면 안 된다.

이는 2007년 전부개정법에서 신설된 것으로 이른바 전재(轉載)를 허용하는 규정의 도입이라고 할 수 있는데, 국민의 알권리 충족을 위하여 뉴스가 국민에게 원활하게 전달되도록 하자는 취지라고 하겠다. 물론 전재한 기사에 대해서는 반드시 출처를 밝혀야 한다.

한편, 「신문 등의 진흥에 관한 법률」에 따르면 인터넷신문도 언론매체에 포함된다. 그러나 잡지(雜誌)는 정기간행물의 일종이고 시사성을 포함하고 있음에도 불구하고 시사성보다는 정보적 성격이 강하기 때문에 여기에 포함시키지 않는다. 또한 방송의 경우, 같은 언론매체이기는 하지만 매 프로그램마다 이용을 금지하는 표시를 하기에 어려움이 있다는 점을 감안하여 전재 규정의 대상에서 제외되었다. 그러니까 방송 프로그램은 별도로 전재를 금한다는 표시가 없다 하더라고 무단으로 이용할 수 없으며 반드시 원제작자의 허락을 얻어야 한다는 뜻이다.

그 밖에 각 언론사는 외국의 시사적인 기사 및 논설에 대해서도 번역하여 전재할 수 있도록 하고 있는데, 역시 기사를 전재할 경우 꼭 출처를 표시하도록 의무화하고 있다. 여기서도 각 언론사가 이용을 금지하는 표시를 한 경우에는 전재를 할 수 없다는 점에서 주의가 필요하다. 그리고 이상과 같은 '시사적인 기사 및 논설의 복제'는 언론사끼리만 할 수 있는 것이므로 개인 또는 단체가 무단 복제해서는 안 된다는 점도 잊지 말아야 한다. 기사 및 논설의 복제를 허용하는 것은 어디까지나 시사적인 보도를 신속하게 할 수 있도록 하자는 공익적 목적 때문이다.

4) 공표된 저작물의 인용

현행 저작권법에서는 또 "공표된 저작물은 보도 · 비평 · 교육 · 연구 등을 위하여는 정당한 범위 안에서 공정한 관행에 합치되게 이를 인용할 수 있다"고 규정하고 있다.

여기서 '인용'이란 "다른 저작물의 내용 가운데에서 한 부분을 참고로 끌어다 쓰는 것"을 말한다. 특히 어문저작물을 작성함에 있어서는 매우 흔한 것이 인용이라고 할 수 있다. 따라서 학술적으로나 예술적으로 가치를 지닌 저작물이 공표되었다면 그 이후에 등장할 저작자는 물론 독자 등이 가능한 한 여러 저작물에 접함으로써 그 가치를 누리게 하는 것이 문화의 향상발전을 위해서도 바람직한 것이라고 할 수 있다. 그런 취지에서 인용에 의한 저작물의 이용에는 저작재산권이 미치지 않는다고 규정한 것이다.

그런데 문제는 '정당한 범위' 또는 '공정한 관행'에 관한 해석에 있다. 먼저 '정당한 범위'에 대해서는 인용되는 저작물이 인용하는 저작물에 대해 부종적 성질을 가지는지 여부, 인용하는 저작물이 인용되는 저작물의 시장 대체 여부 등을 기준으로 판단할 수 있을 것이다. '공정한 관행'이란 인용되는 저작물이 인용하는 저작물과 구분되는지 여부, 인용되는 저작물의 출처를 명시하였는지 여부 등을 종합적으로 판단해야 할 것이다.

다음과 같은 예문을 살펴보기로 하자.

〈예문 1〉 한국 경제, 수출·수입 의존도 G20 1위

우리나라 경제의 수출 및 수입에 대한 의존도가 주요 20개국(G20) 회원국 가운데 가장 높은 것으로 13일 나타났다. 특히 수출 의존도는 미국의 6배, 수입 의존도는 브라질의 4.5배에 달했다. 지난해 우리나라 국내총생산(GDP)에서 수출이 차지하는 비중이 43.4%로 아직 통계가 나오지 않은 사우디아라비아를 제외하고 G20 가운데 최대였다. 누군가의 말처럼 자원이 없고 국토가 좁은데다 자본마저 많지 않은 우리나라의 상황에서는 수출과 수입을 통해 경제 성장을 일궈왔으나 경제 위기 등을 겪으면서 이제

이런 방식도 한계점에 다다랐다는 점을 인식하게 해 준다. 따라서 전문가들의 충고대로 서비스업 활성화를 통해 내수 시장을 키우는 데 관심을 쏟아야 할 것으로 보인다.

(서울=짝퉁뉴스) 아무개 기자

〈예문 2〉 한국 경제, 수출·수입 의존도 G20 1위

우리나라 경제의 수출 및 수입에 대한 의존도가 주요 20개국(G20) 회원국 가운데 가장 높은 것으로 13일 나타났다. 특히 수출 의존도는 미국의 6배, 수입 의존도는 브라질의 4.5배에 달했다. 국제통화기금(IMF)과 경제협력개발협력기구(OECD) 등 주요 국제기구들이 최근 공동으로 작성한 'G20 주요 경제지표(PIG)'에 따르면 지난해 우리나라 국내총생산(GDP)에서 수출이 차지하는 비중이 43.4%로 아직 통계가 나오지 않은 사우디아라비아를 제외하고 G20 가운데 최대였다. 〈중략〉

우리나라 수입 의존도는 2005년 30.0%, 2006년 32.5%, 2007년 34.0%, 2008년 46.7%로 수출과 마찬가지로 대체로 증가 곡선을 그리고 있다. 정부는 경제에서 수출과 수입의 비중이 각각 40%를 넘어섬에 따라 이대로 방치하면 글로벌 시장에 완전히 종속되는 상황에 직면할 수 있다고 보고 서비스 부문 육성을 통한 내수 시장 활성화에 주력할 방침이다. 이를 위해 정부는 올해 연말까지 전문 자격사 및 의료·보건 부문 규제 완화 등을 통해 서비스 부문에 새로운 성장 동력을 마련, 대외 의존도를 적정 수준에서 유지해 나갈 전략이다.

기획재정부 관계자는 "자원이 없고 국토가 좁은데다 자본마저 많지 않은 우리나라의 상황에서는 수출과 수입을 통해 경제 성장을 일궈왔으나 경제 위기 등을 겪으면서 이제 이런 방식도 한계점에 다다랐다는 점을 인식하고 있다"면서 "이에 따라 서비스업 활성화를 통해 내수 시장을 키우는 데 관심을 쏟고 있다"고 말했다.

기사입력 2010-09-13 06:03 | 최종수정 2010-09-13 06:56 (서울=연합뉴스) 심재훈 기자

〈예문 1〉의 경우에는 어디서부터 어디까지가 인용인지, 아니면 기자의 견해인지 분명하지가 않다. 그러나 〈예문 2〉의 경우에는 명확한 인용을 통하여 기자의 견해가 잘 전달되고 있음을 볼 수 있다.

저널리즘 활동과 관련하여 좀 더 구체적으로 '정당한 범위'에 대해 살펴보면, 다른 저작물을 자기가 작성하는 저작물에 인용해야만 하는 필연성이 인정되어야 하며, 양적으로도 피인용 저작물의 분량이 더 많다면 문제가 될 수 있다. 또한 자기 저작물의 내용과 인용 부분 사이에는 일종의 주종관계가 성립되어야 한다. 즉, 자기가 창작하여 작성한 부분이 주(主)를 이루고, 그것에 담겨 있는 주제를 더 부각시키거나 주장의 타당성을 입증할 목적으로 다른 저작물의 일부를 종(從)으로서 인용하였을 때에 비로소 정당한 범위 안에서의 인용이 성립된다. 다만, 다른 저작물의 일부라고 하는 것은 논문이나 소설 따위처럼 분량이 비교적 많아서 전체적인 인용이 불필요한 경우에 해당되는 것이며, 사진이나 그림 또는 시에서처럼 그것의 일부 인용이 불가능한 것까지 포함하지는 않는다.

다음으로 '공정한 관행'이란, 인용 부분이 어떤 의도에서 이용되고 있으며, 어떤 이용가치를 지니는가에 따라 달라질 문제이다. 사회적인 통념에 비추어 보아 타당하다고 여겨지는 방법으로서의 인용만이 공정한 관행에 합치되는 것이라고 볼 수 있는데, 그것은 인용되는 부분을 자기 저작물과는 명확하게 구별되는 방법으로 처리해야 한다는 의미를 내포하는 것으로 판단된다. 예를 들면, 보도의 자료로서 저작물을 인용할 수밖에 없는 경우, 자기나 다른 사람의 학설 또는 주장을 논평하거나 입증할 목적으로 다른 사람의 저작물을 인용하는 경우, 역사적 사실이나 경향을 살피는 글에서 이해를 돕기 위해 다른 저작물—시 또는 사진, 그림 따위—을 통째로 싣는 경우 등은 바로 공정한 관행에 합치되는 것으로 볼 수 있다. 그렇더라도 인용에 있어서는 출처명시의 의무가 엄격하게 적용된다. 인용 부분에 대한 적절한 구분이나 출처의 명시가 부정확하다면 이용자들로서는 그것이 인용인지 창작인지 분간할 도리가 없기 때문이다.

따라서 다른 사람의 저작물을 일부라도 인용할 바에는 그 부분에 인용부호를 붙이든가 단락을 바꾸어 본문과는 다른 활자로 표시함으로써 인용 부분을 구분하는 것이 상식이다. 또한 학술 관련 전문서적이나 논문에서는 출처로서의 저자명, 책명 또는 논문 제목, 발행처, 발행년도, 해당 면수 등을 적절한 위치에 주(註) 표시로써 밝히는 것이 통례이고, 이러한 의무사항이 제대로 지켜지지 않는다면 그 저작물은 신용이 없는 것으로 간주해도 무방하다. 다만, 텔레비전 뉴스 프로그램에서는 일일이 출처를 밝히는 것이 현실적으로 어려울 수 있으므로 프로그램 말미의 엔딩 크레디트 자막에 포함시키는 방식이 무난할 것이다.

〈참고〉 그 밖에 주의할 점

(1) 출처의 표시 방법

일반적으로 인용되는 저작물의 출처는 구체적으로 표시해 주어야 한다. 예컨대 저작자, 저작물의 제호, 발행처 및 발행년월일, 쪽번호 등을 반드시 포함시켜야 한다. 그러나 피인용 저작물이 신문기사나 소설 등이어서 출처를 구체적으로 표시하기 곤란한 경우에는 괄호 안에 저작자와 저작물의 제호만을 기재하여도 출처가 표시된 것으로 볼 수 있다.[98]

아울러 출처 표시는 인용되는 저작물과 가까운 위치에 해 주면 된다. 곧 각주(脚註)나 후주(後註)를 다는 방법이 있다. 그러나 참고문헌란에 피인용 저작물의 서지사항을 표시하는 것만으로는 출처 표시를 제대로 했다고 할 수 없으므로 주의해야 한다. 또 출처 표시는 원문에 표시된 대로 하여야 한다. 원문의 저작자가 실명이면 실명을, 이명(異名)이면 이명을, 무명(無名)이면 무명으로 표시해야 한다.

(2) 원문의 변경 인용

공표된 저작물을 인용할 때는 원문을 그대로 인용하여야 하며, 수정하거나 변경하여 인용하여서는 안 된다. 원문을 수정 혹은 변경하여 인용하는 경우에는 저작인격권 중 동일성유지권 침해행위가 될 수 있기 때문이다. 다만, 관련 법률에 명문화되어 있는 것은 아니지만, 원문을 부분적으로 생략(중략)하여 인용하거나 전체의 큰 뜻을 요약 또는 축약하여 인용하는 것도 가능하다는 것이 일반적인 해석이다.

---

98) 서울고등법원 1997.7.9. 선고, 96나18627 판결 참조.

(3) 외국저작물의 번역 인용

외국어로 된 저작물은 번역하여 인용하는 것도 허용된다. 곧 영어나 독일어로 작성된 저작물을 한글이나 다른 외국어로 번역하여 인용할 수 있다.

(4) 인용 대상 저작물 및 인용 매체의 범위

과거 한때 발췌 인용 또는 절록(節錄) 인용만을 허용한 적이 있었다. 또한 인용할 수 있는 매체도 신문이나 정기간행물에만 한정된 적이 있었다. 따라서 저작물의 전체를 인용할 수밖에 없는 미술·사진·시 등은 인용 대상에서 제외되었고, 또한 단행본을 집필하는 경우에도 인용할 수 있는 길이 막혀 있었다. 그러나 오늘날 모든 공표된 저작물은 인용의 주체 및 객체가 된다. 방송 프로그램과 같은 영상저작물도 마찬가지다.

(5) 불법으로 제공된 저작물로부터의 인용

불법으로 제공된 저작물로부터 인용이 가능한지에 대해서는 법리적으로 서로 다른 해석이 존재한다. 명문 규정이 없기 때문인 것으로 보인다. 그러나 우리 법이 준수해야 할 '베른협약'은 저작자의 허락을 받아 공중에 제공된 합법적인 저작물로부터 인용하는 것만을 허용하고 있다는 점에 주목할 필요가 있다. 곧 불법으로 제공된 저작물로부터 인용하는 것은 허용하지 않고 있다. 따라서 불법으로 제공된 저작물로부터 인용하는 것에는 각별한 주의가 요망된다.

(6) 인용하는 저작물의 상업성 여부

저작권법이 정한 인용 요건을 충족한 이상 인용하는 저작물을 시중에 판매하더라도 문제가 되지 않는다. 예컨대, 남의 저작물을 인용한 학술서나 비소설 등이 시중에서 판매되었다는 이유로 불법행위가 된 사례는 아직 없는 것으로 알려져 있다.

4. 언론사 자체의 저작물 관리 방안

이제 우리 언론사에서도 자체적인 저작물 관리 방안이 구체적으로 검토될 시기가 된 것으로 판단된다. 실제로 소속 저널리스트들이 만들어 낸 업무상저작물들을 원활하게 관리하고 있는 언론사들도 있지만, 대개의 경우에는 아직 체계적인 시스템 혹은 표준모델을 구축하지 못하고 있는 것으로 보인다. 이 같은 점을 보완하기 위하여 먼저 민간 저작권신탁관리단체들의 사례를 종합적으로 검토할 필요가 있다.

우선 민간 저작권신탁관리단체의 경우 아래 〈그림 3〉에서 보는 바와 같이 오프라인 유통 중심의 관리 형태는 물론이고, 온라인 유통 중심의 관리 형태 및 온·오프라인 유통 관리 형태 등의 다양한 조직체계를 갖추고 있다.

〈그림 3〉 저작권신탁관리단체 조직구성 체계

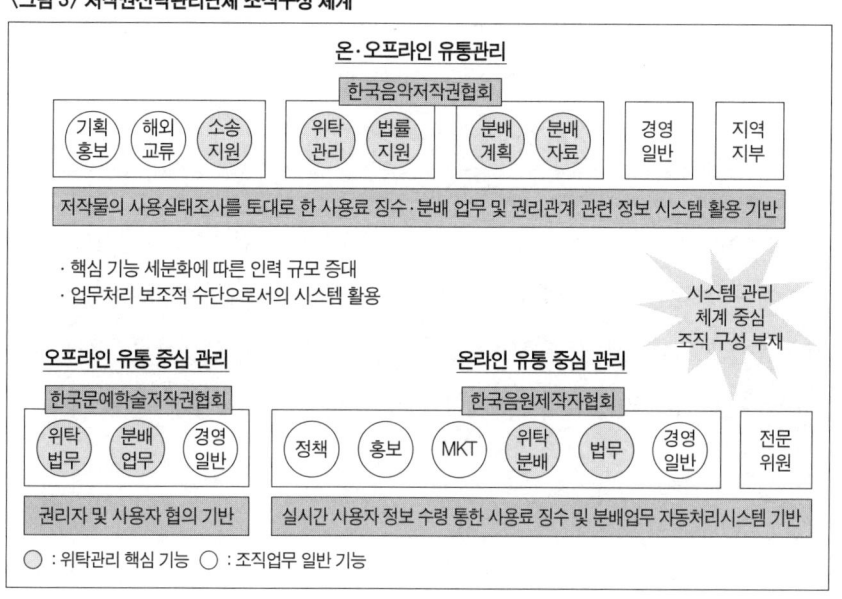

첫째, 오프라인 유통 중심의 저작물 관리 형태를 갖추고 있는 단체에서는 위탁관리 업무 및 사용료 분배, 관련 저작권 침해구제 및 법률지원 등의 위탁관리업무 를 수행하기 위한 핵심 기능들을 중심으로 조직 직제를 단순화하여 구성함으 로써 소규모 인력으로도 업무 수행이 가능하도록 하는 한편, 모든 업무 단계 마다 저작권 권리자 및 사용자 간의 협의 단계를 거쳐 해당 권리의 행사 및 사 용에 관한 합리적 결과를 도출할 수 있도록 업무 절차를 설계하고 있다.

둘째, 온라인 유통 중심의 저작물 관리 형태를 갖추고 있는 단체의 경우에는 실시 간 사용자 정보가 시스템에 누적되도록 하여 사용료 징수 및 분배 업무가 자 동으로 처리될 수 있도록 함으로써 업무처리시간 및 인력투입비율을 최소화 하고 있다.

셋째, 온라인 및 오프라인 유통을 모두 고려한 관리 형태를 갖춘 단체의 경우에는 정보시스템을 통합하여 업무관리체계 중심의 조직체계를 구성하였다기보다 는, 기존 오프라인 유통 중심의 관리체계에서 위탁관리 핵심 기능을 세분화 하고, 이러한 업무를 처리하기 위한 보조적 수단으로서 정보시스템을 활용하 는 형태로 조직을 구성함으로써 위탁관리업을 위한 전문위원 또는 전문기관 의 활용도 고려하고 있다는 특징을 엿볼 수 있다.

이상에서 살핀 것처럼 전담 직원을 통한 체계적인 업무상저작물 관리가 최 선이지만, 그렇지 못하다면 최소한 저작권 분쟁을 미연에 방지할 수 있는 내부 규정만이라도 제대로 갖추어야 한다. 이에 다음과 같이 업무상저작물에 대한 저작권 관련 표준규정의 제정을 제안하고자 한다.

〈참고 자료〉 업무상저작물에 관한 내부 저작권 규정(안)

제1장 총칙

제1조[목적] 이 규정은 저작권법에서 규정하고 있는 업무상저작물의 권리와 이에 인
접하는 권리를 보호하고 저작물의 공정한 이용을 도모함으로써 사원으로 하여금
대내외의 다양한 출판·저술활동에 능동적으로 참여하도록 장려함과 동시에 우리
회사가 소유한 저작권 침해에 대한 합리적인 대응방법과 저작물 관리원칙을 확립
하는 데 그 목적을 둔다.

제2조[용어의 정의와 해석] 이 규정에서 사용하는 용어의 뜻과 그 해석은 저작권법에
따라 다음과 같이 정한다. 그 밖에 여기서 정하지 않은 사항은 저작권법을 준용한다.

1. **업무상저작물** : 우리 회사의 기획하에 우리 회사의 업무에 종사하는 자(사원)가
   업무상 작성하는 저작물을 말한다.

2. **법적 해석** : 회사가 저작물의 작성에 대하여 기획하고 그 사원 등에게 지시하는
   등의 방법으로 작성하게 한 경우를 말한다. 하지만 반드시 회사가 개별적이고
   구체적인 저작물의 작성에 대하여 적극적이고 능동적으로 기획할 것을 요구한
   다는 뜻은 아니다. 근무규칙 등에 사원의 직무를 정하고 있고, 사원이 그러한 직
   무상의 필요에 따라 작성한 것이라면 넓은 의미에서 우리 회사의 기획에 의한
   것이라고 본다.

3. **업무상저작물의 유형과 범위** : 기사와 사진은 물론 논평, 칼럼, 사설, 만평, 동영
   상, 그래픽 등 회사의 업무와 관련한 모든 저작물을 포괄하는 개념이다. 또한, 저
   작물의 게재 및 공표 또는 기명 여부, 사원의 퇴직 여부를 불문하고 우리 회사의
   사원이 업무와 관련하여 작성한 모든 저작물에 대하여 적용한다. 그 밖에 업무

상저작물을 원저작물 또는 구성 부분으로 하는 2차적저작물 및 편집저작물에 관한 권리도 우리 회사에 귀속된다.

제3조[저작권 보호에 관한 시책 수립 등] 저작권 업무 관련 담당국(실)장은 이 규정의 목적을 달성하기 위하여 다음 각 호의 시책을 수립·시행할 수 있다.

1. 저작권의 보호 및 저작물의 공정한 이용 환경 조성을 위한 기본 정책에 관한 사항

2. 저작권 인식 확산을 위한 교육 및 홍보에 관한 사항

3. 저작물 등의 권리관리정보 및 기술적 보호조치의 정책에 관한 사항

4. 저작권 업무 관련 담당국(실)장의 임면은 회사 인사권자가 정한다.

제2장 저작권

제1절 저작물

제4조[저작물의 예시 등] 이 규정에서 말하는 저작물을 예시하면 다음과 같다.

1. 기사·사설·칼럼·논평 및 소설·시·논문·강연·연설·각본 그 밖의 어문저작물

2. 음악저작물

3. 연극 및 무용 · 무언극 그 밖의 연극저작물

4. 그래픽·삽화 및 회화·서예·조각·판화·공예·응용미술저작물 그 밖의 미술저작물

5. 건축물·건축을 위한 모형 및 설계도서 그 밖의 건축저작물

6. 취재의 결과물로서의 사진저작물(이와 유사한 방법으로 제작된 것을 포함한다)

7. 영상저작물(취재 과정을 담은 동영상을 포함한다)

8. 지도·도표·설계도·약도·모형 그 밖의 도형저작물

9. 컴퓨터프로그램저작물

제5조[2차적저작물] ① 우리 회사의 업무상저작물을 원저작물로 하여 번역·편곡·변형·각색·영상제작 그 밖의 방법으로 작성한 창작물(이하 "2차적저작물" 이라 한다)은 독자적인 저작물로서 보호된다.

② 2차적저작물의 보호는 그 원저작물의 저작자의 권리에 영향을 미치지 아니한다.

③ 우리 회사의 업무상저작물을 바탕으로 2차적저작물을 작성하고자 하는 자는 회사로부터 문서에 의한 이용허락을 받아야 한다.

제6조[편집저작물] ① 우리 회사의 업무상저작물을 구성 부분으로 하는 편집저작물은 독자적인 저작물로서 보호된다.

② 편집저작물의 보호는 그 편집저작물의 구성 부분이 되는 소재의 저작권 그 밖에 이 규정에 따라 보호되는 권리에 영향을 미치지 아니한다.

③ 우리 회사의 업무상저작물을 바탕으로 편집저작물을 작성하고자 하는 자는 회사로부터 문서에 의한 이용허락을 받아야 한다.

제7조[보호받지 못하는 저작물] 다음에 해당하는 것은 이 규정에 의한 관리를 받지 아니한다. 다만, 보고서의 경우는 그러하지 아니하다.

1. 회사의 내규, 협조 및 기안문서

2. 사실의 전달에 불과한 시사보도로서의 사건·사고 기사, 행사 안내, 부고, 인물 동정, 수상 소식 등

제2절 저작자

제8조[저작자 등의 추정] ① 회사의 명의로 공표되는 저작물 중 사원이 아닌 자에 의하여 제작된 저작물의 저작자는 우리 회사와 해당 저작자 간의 계약에 따라 정한다.

② 제1항에 따른 별도의 계약이 없는 때에는 해당 저작자를 저작권법상의 저작자로 본다.

③ 그 밖의 사항에 대하여는 저작권법을 준용한다.

제9조[업무상저작물의 저작자] ① 회사의 업무상 제작된 저작물은 게재·기명·공표·퇴직 등의 여부와 상관없이 회사를 저작자로 한다.

② 업무상저작물이라 하더라도 회사의 허락 또는 협의·계약에 의거하여 달리 저작자를 정할 수 있다.

제10조[업무상저작물의 저작자의 예시 등] 이 규정에서 말하는 업무상저작물의 저작자를 예시하면 다음과 같다.

1. 사원인 논설위원이 작성한 기명 칼럼의 저작자는 우리 회사가 된다.

2. 우리 회사의 청탁에 의하여 외부인이 작성한 칼럼 및 사설의 저작자는 해당 외부인이 된다.

3. 사원이 업무상 작성한 모든 기사 및 사진의 저작자는 그것의 게재·기명·공표 여부, 사원의 퇴직 여부와 상관없이 우리 회사가 된다.

4. 사원이 업무상 작성한 시사만화·만평·캐리커처·삽화·컴퓨터프로그램 및 영상물·방송물 등의 저작자 또한 우리 회사가 된다.

5. 제3호의 저작물이 업무상저작물인지에 대한 분쟁이 있는 경우에는 회사(위탁회사를 포함한다)의 데이터베이스 시스템에 저장되었는지의 여부로 판단한다.

6. 전호에서 디지털화되지 않은 저작물인 경우에는 회사에 제출하였는지의 여부로 판단한다.

7. 외부인의 기고문에 대한 저작자는 외부기고가가 된다.

8. 계약에 의한 저작물의 저작자는 계약 내용에 따라 정한다.

9. 기사·사진 등 업무상저작물을 바탕으로 출판을 한 경우에는 회사가 저작자가 되며, 내부적으로 다른 특약이 있는 경우에는 특약에 따른다.

10. 풀(Pool) 취재의 저작권에 다른 정함이 없는 때에는 취재기자의 해당 법인이 저작자가 되며, 공동취재단의 다른 법인은 그 저작물의 이용권을 갖는다.

제3절 저작권

제11조[저작인격권] 회사는 업무상저작물에 대하여 저작권법에서 규정한 저작인격권으로서의 공표권·성명표시권·동일성유지권을 가지며 이에 따른 여타의 저작권법 규정을 준용한다.

제12조[저작재산권] 회사는 업무상저작물에 대하여 저작권법에서 규정한 저작재산권으로서의 복제권·공연권·공중송신권·전시권·배포권·대여권·2차적저작물작성권을 가지며 이에 따른 여타의 저작권법 규정을 준용한다.

제13조[출판권] 회사는 업무상저작물에 대하여 저작권법에서 규정한 출판권을 가지며, 이에 따른 여타의 저작권법 규정을 준용한다.

제4절 저작인접권

제14조[보호받는 실연·음반·방송] 회사는 업무상저작물 또는 이로 인한 실연·음반 및 방송에 대하여 저작권법에서 규정한 저작인접권을 가지며, 이에 따른 여타의 저작권법 규정을 준용한다.

제15조[저작권과의 관계] 이 절 각 조의 규정은 우리 회사가 보유한 저작권에 영향을 미치는 것으로 해석되어서는 아니 된다.

제16조[실연의 허가와 권리] ① 우리 회사의 업무상저작물을 바탕으로 실연하고자 하는 자는 회사로부터 사전에 문서에 의한 허가를 받아야 한다.

② 1항의 허가에 의한 실연을 한 자는 성명표시권과 동일성유지권을 가진다.

③ 2항의 실연자는 우리 회사와의 계약에 따라 저작권법상 실연자에게 부여되는 복제권, 배포권, 대여권, 공연권, 방송권, 전송권을 가질 수 있다.

제17조[음반제작자·방송사업자의 권리] 회사의 업무상저작물에 대한 음반제작자·방송사업자의 권리는 우리 회사와의 계약에 따라 정한다.

제3장 업무상저작물의 이용허락 및 벌칙

제18조[업무상저작물의 이용과 허락] ① 우리 회사의 업무상저작물을 이용하고자 하는 사원은 회사에 그 이용을 신청하고, 이용조건 및 범위에 대하여 허락을 받아야 한다.

② 신청의 방법은 문서로 하여야 한다, 다만 이용책임자, 신청일시, 이용의 내용, 접수자를 변조할 수 없음이 확인된 전자메일, 팩스 등은 문서로 본다.

③ 제2항에서 정한 '이용의 내용'은 이용하고자 하는 업무상저작물의 내역, 이용목적, 이용방법, 이용횟수 및 이용기간, 제작 및 배포의 수량 또는 분량 등을 포함하여야 한다.

④ 승인의 통고는 이용허락의 내용을 담은 공문, 전화, 메일, 팩스 등으로 할 수 있다.

제19조[권리의 침해와 벌칙] ① 우리 회사의 업무상저작물을 허가 없이 타인에 제공한 자는 징계위원회에 회부하여 징계할 수 있다.

② 회사의 업무상저작물을 창작·제작하는 사원이 그 업무를 수행함에 있어 타인의 저작인격권 그 밖에 저작권법에 따라 보호되는 재산적 권리를 침해하여서는 아니 된다.

③ 사원은 우리 회사의 업무상저작물을 회사의 허락 없이 개인적 용도로 이용하여서는 아니 된다.

④ 제2항 내지 제3항을 위반한 사원에 대하여는 회사에 미친 유·무형의 피해 및 손실의 정도에 따라 배상의 책임을 지게 하거나 징계할 수 있다.

제20조[업무상저작물의 관리] ① 사원은 사진기, 영상녹화기, 녹음기, 각종 메모리기기, 컴퓨터 등 저작물을 제작하기 위한 회사의 기자재 및 자원을 개인 용도로 사용하여서는 아니 된다. 다만, 컴퓨터와 같이 사용자의 사용성이 통제가 불가능할 정도로 높은 경우에는 회사가 허용하는 범위 안에서 사용할 수 있다.

② 사원은 전항의 기자재 및 자원을 사용한 후에 반드시 반납하여야 한다. 다만, 상시 휴대용으로 지급된 기자재의 경우에는 그러하지 아니하다.

③ 사원은 제1항의 기자재를 사용하여 작성된 업무상저작물을 회사의 데이터베이스 시스템에 반드시 저장하여야 한다.

④ 각 부서의 장은 제1항 내지 제3항의 준수사항을 수시로 관리·감독해야 한다.

⑤ 사원이 업무상저작물을 열람하였거나 대출한 경우에는 반드시 관리·감독자에게 반납하여야 한다.

제21조[회사저작물 관리에 관한 시책 수립 등] 저작권 업무 관련 담당국(실)장은 업무상저작물의 이용과 허락 등에 관한 업무를 원활하게 운영하기 위하여 다음 각 호의 시책을 수립·시행할 수 있다.

1. 업무상저작물에 대한 구체적 분류

2. 타인이 업무상저작물을 이용하고자 할 경우의 계약서 작성 및 유형별 이용요금 제도

3. 자회사(자매회사) 및 사원 등 기타 관계자의 업무상저작물 이용에 관한 계약서 작성 및 유형별 이용요금제도

4. 업무상저작물 이용에 따른 표기 등 이용방법에 대한 구체적인 지침

5. 기타 업무상저작물의 관리 및 이용에 관한 운영 정책

제4장 권리침해에 따른 대응

제22조[권리침해 사실의 신고] ① 모든 사원은 업무상저작물에 대한 우리 회사의 저작권을 침해하였거나 침해할 우려가 있는 정황을 발견하는 즉시 회사에 신고하여야 한다.

② 회사의 저작물이 타인의 저작권을 침해하는 경우에도 제1항과 같다.

③ 회사는 업무상저작물 침해 사실을 신고한 사원에게 기여도에 따라 포상할 수 있다.

제23조[침해 사실의 확인] 우리 회사의 저작권 침해에 대한 신고를 접수한 저작권 업무 관련 담당국(실)장은 침해 사실을 확인·조사하고 피해 및 손해에 따른 적정 배상액 등을 산정하여야 한다.

제24조[손해배상액의 통지] ① 회사는 우리 회사의 업무상저작물에 대한 저작권을 침해한 자에 대하여 그 침해 사실과 함께 피해에 따른 손해의 배상을 통지할 수 있다.

② 통지 내용에는 침해의 사실, 피해 및 손해의 정도, 배상청구 금액, 기타 이행청구의 범위, 합의 해결의 방법 및 청구 불이행 시의 법적 조치 내용 등을 포함한다.

③ 통지는 내용증명 우편의 방법으로 하는 것을 원칙으로 한다.

제25조[저작권 침해에 따른 각종 청구의 범위] 회사는 침해당한 권리에 따른 손해의 배상을 요청함에 있어 다음 각 호를 고려하여 그 청구 범위를 결정한다.

1. 복제 및 배포의 수량 및 분량
2. 저작인격권 및 저작재산권 침해의 정도
3. 청구이행 가능성의 정도
4. 침해의 횟수와 기간
5. 침해로써 타인이 얻은 이익의 정도
6. 침해로써 회사가 잃은 손해 및 피해의 정도
7. 침해에 대응하는 과정에서 소모된 회사의 유·무형 자원
8. 침해 당사자의 고의 또는 과실의 정도

제26조[합의] 회사는 저작권 침해자와 피해에 따른 손해배상의 범위를 협상하여 이를 조정·합의하거나 한국저작권위원회의 조정에 응할 수 있다.

제27조[민·형사상 소의 제기] 여러 차례의 통지에도 불구하고 우리 회사의 저작권을 침해한 자가 이행의사를 밝히지 않을 경우, 회사는 민·형사상의 구제 및 처벌을 위하여 소를 제기할 수 있다.

제5장 사원 창작활동의 장려

제28조[사원 창작활동의 지원] ① 회사는 출판, 공연, 전시 등 다양한 방법으로 사원들이 창작활동을 할 수 있도록 장려한다.

② 회사는 사원의 창작활동이 회사에 기여하는 정도와 회사의 사정에 따라 지원의 범위를 구체적으로 정할 수 있다.

제29조[사원 창작활동 지원의 거부와 취소] ① 사원의 창작활동이 회사의 이미지를 훼손하거나 명백한 손해가 예상되는 경우에는 지원을 거부 또는 취소할 수 있다.

② 지원이 취소되는 경우, 회사는 이미 지원된 유·무형의 자원을 회수할 수 있다.

제30조[사원 창작활동의 신고와 지원신청] ① 회사의 자원 또는 업무상저작물을 이용하여 창작활동을 하고자 하는 사원은 회사에 신고하여 사전 승인을 얻어야 한다. 다만, 회사가 사전에 허락한 창작활동의 경우에는 신고만으로 사전 승인을 갈음한다.

② 사원은 창작활동에 필요한 지원을 구체적으로 명시하여 회사에 이를 신청할 수 있다.

제31조[제작 우선권] 업무상저작물을 바탕으로 한 사원의 출판 및 기타 창작활동에 따른 출판권 등 제작권한은 회사에 우선권이 있으므로 사전에 조율하여야 한다.

제32조[사원 창작활동의 신고·지원 신청의 접수 및 협의] ① 사원 창작활동의 신고 및 지원 신청이 접수되는 경우 회사는 그 활동의 허가 여부 및 지원 가능 여부를 빠른 시일 내에 사원에게 알려주어야 한다.

② 업무상저작물을 바탕으로 한 출판 및 기타 창작활동의 경우 그 결과물을 회사에서 제작하지 아니하는 경우, 회사는 외부 제작의 허가 여부를 사원에게 알려주어야 한다.

③ 회사는 사원 창작활동을 지원하는 경우, 그에 따르는 이익의 분배를 조건으로 지원할 수 있다.

제33조[회사의 명에 의한 사원 창작활동] ① 회사는 사원에게 본업 이외의 창작활동을 명할 수 있다.

② 순수 개인의 창작물인 경우 사전에 사원과 회사의 합의가 있어야만 회사는 명을 내릴 수 있다.

제34조[사원 창작활동의 저작권] ① 회사의 업무상저작물을 바탕으로 한 사원 창작활동의 저작물의 저작자는 회사가 된다.

② 전항의 저작권은 업무상저작물의 출판을 장려하는 차원에서 직접 저작활동을 한 사원에게 양도할 수도 있다.

③ 회사의 명으로 창작된 저작물은 본업 이외의 창작물이라고 할지라도 회사의 업무상저작물에 포함된다.

④ 전항의 저작물이 회사와 무관한 순수 개인의 창작활동인 경우에는 사원이 저작자가 된다.

⑤ 이 조에서 사원이 저작자가 되는 사원 창작활동은 저작권에 관한 계약 내용에 따른다.

제35조[사원 창작활동에 대한 인센티브] 사원 창작활동으로 인하여 회사에 유·무형의 이익이 발생할 경우에는 그 이익의 정도와 회사의 사정에 따라 실제 창작한 사원에게 인센티브를 제공할 수 있다.

제36조[명에 의한 사원 창작활동의 수익 배분] ① 사원이 저작자가 되는 사내 사원 창작활동에 대한 회사와 사원 간의 계약에서 회사의 배분 이익은 본 저작물에 의한 총이익의 100분의 ____을 넘을 수 없다.

② 본조의 총이익은 매출액에서 사원의 저작권사용료를 제외한 매출원가를 차감한 금

액으로 산정한다.

제37조[사원 창작활동의 지원시책 수립 등] 회사는 출판, 공연, 전시 등 사원의 창작활동을 장려하며 이를 지원하기 위하여 다음 각 호의 시책을 수립·시행할 수 있다.

1. 창작활동 지원의 조건
2. 업무상저작물 이용 시 할인의 정도
3. 제작비·기타 비용 부담 등 유·무형 자원의 지원방법
4. 출판권, 저작권사용료(인세), 수익배분율 등 본 조에 관한 계약 사항

제6장 사내저작권위원회

제38조[사내저작권위원회의 소집] 회사는 저작권법과 그 밖에 저작권법에 따라 보호되는 권리에 관하여 내·외 분쟁에 합리적으로 대응하는 한편 업무상저작물의 저작권 보호 및 효율적 운영을 위하여 사안이 발생할 때마다 임시로 사내저작권위원회(이하 '위원회'라 한다)를 소집할 수 있다.

제39조[위원회의 구성] ① 위원회는 위원장 1명과 10명 이내의 위원으로 구성한다.

② 위원장은 대표이사로 한다.

③ 상임위원회는 부사장, 상무이사, 상임고문, 주필, 편집국장과 1명의 논설위원으로 구성한다.

④ 위원장은 위원회 처리 안건의 실무 관련성에 따라 ___인 이내의 국·실장 또는 부장급 사원을 비상임위원으로 임명할 수 있다.

⑤ 위원장은 위원의 추천을 받아 외부 전문가를 자문위원으로 위촉할 수 있다.

⑤ 처리 안건이 사원의 상벌에 관련된 경우에는 제4항의 비상임위원을 1명 이상 임명

하여야 한다.

제40조[위원회의 업무] 위원회는 다음 각 호에 해당하는 업무를 처리한다.

1. 저작권 분쟁이 발생하는 경우 저작권업무 담당 국·실장이 전결로 처리할 수 있는 분쟁비용금액의 범위 결정에 관한 사항
2. 제1호의 범위를 넘는 저작권 분쟁의 해결 방안에 관한 사항
3. 저작권과 관련된 사원의 상벌에 관한 사항
4. 사원 창작활동의 허락 및 계약 내용에 관한 사항
5. 사내 사원 창작활동의 추천 및 명에 관한 사항
6. 업무상저작물의 검수에 관한 사항
7. 업무상저작물의 출판, 공연, 전시, 판매 등에 관한 사항
8. 제41조에 의한 위원회의 업무 위임에 관한 사항
9. 기타 위원장이 필요하다고 판단하여 부의하는 사항

제41조[위원회의 업무 위임] 위원장은 처리 업무의 경중에 따라 담당 국·실장에게 이를 위임할 수 있다.

이 규정은 _____ 년 ____월 ____일부터 시행한다.

쟁점 판례 분석

제4장

1. 보도기사의 저작물성 관련 판례

1) 스트레이트 기사(straight news)의 보호대상 여부[99]
— 대법원 2006.9.14. 선고, 2004도5350 판결

사건 개요

'연합뉴스'는 '뉴스통신진흥에 관한 법률'에 의한 뉴스통신사로서 여러 언론사에 뉴스를 공급하는 것을 주요 업무로 한다. A신문사는 연합뉴스와 기사사용 계약을 체결하지 않고 연합뉴스의 기사를 모두 5회에 걸쳐 자신의 신문에 게재함으로써 저작권법을 위반하였다는 혐의로 기소되었다. 1심법원과 2심법원은 A신문사가 게재한 연합뉴스의 기사 모두에 대하여 보호 받는 저작물임을 인정한 후, A신문사의 편집국장에게 유죄를 선고하였고, 피고인은 대법원에 상고하였다.

법원의 판단

대법원은 A신문사가 복제한 연합뉴스의 기사 중에는 '단순한 사실의 전달에 불과한 시사보도'가 포함되어 있고, 이러한 사실의 전달에 불과한 시사보도를 그대로 복제하여 게재하는 것은 저작권법 위반죄를 구성하지 않는다고 하면서 원심판결을 파기하였다.(이하 '대상판결'이라고 한다.)

---

99) 김기중(2010), 「스트레이트 기사의 저작권 보호대상 해당 여부」, 《저작권문화》(서울: 한국저작권위원회) 2010년 7월호 (통권 191호), pp. 20~21 참조.

① 저작권법 제7조 제5호 '사실의 전달에 불과한 시사보도'의 취지

그동안 저작권법에서 '보호받지 못하는 저작물'로 규정한 '사실의 전달에 불과한 시사보도'의 취지에 대하여 논란이 있었다. 저작권법은 창작성 있는 표현물만을 보호하고 '사실'을 보호하지 않으므로 저작권법 제7조 제5호는 '저작물성'이 없는 사실보도를 보호대상에서 제외한다는 당연한 규정에 불과하다는 견해, 그리고 사실을 널리 전파하고자 하는 정책적 이유와 공공의 이익을 위한 '저작물'인 일부 사실보도기사를 보호대상에서 제외한 규정이라는 견해가 그것이다.

이에 대법원은 저작권법의 보호대상이 되는 것은 외부로 표현된 창작적인 표현형식인데, 간결하고 정형적인 표현을 사용하는 시사보도는 '창작적인 요소'가 개입할 여지가 적어 독창적이고 개성 있는 표현 수준에 이르지 못한 것이라고 보아 보호대상에서 제외하는 것이 저작권법 제7조 제5호의 취지라고 판단하여, 당연한 원리를 규정한 것이라는 취지로 판시하였다.

대상판결이 선고된 이후 서울고등법원(2006.11.29. 선고 2006나2355 판결)에서는 "저작권법 제7조 제5호는 누가 작성하더라도 같거나 비슷하게 표현될 수밖에 없는 사실을 간결하게 전달하는 기사 등은 저작권법이 보호하는 저작물이 아님을 주의적으로 표현한 것에 지나지 않는다"고 판시하여 위 규정이 주의적 규정에 불과함을 정면으로 인정하였다.

② '사실의 전달에 불과한 시사보도'의 범위

저작권법 제7조는 '사실의 전달에 불과한 시사보도'의 범위에 관하여 아무런 언급을 하지 않고 있으므로, 보다 실질적인 쟁점은 어떤 보도, 어느 범위의 보도

를 '사실의 전달에 불과한' 시사보도로 볼 것인지에 달려 있다. 이에 관하여 대상판결은 '사실의 전달에 불과한 시사보도'란 "정치계나 경제계의 동향, 연예·스포츠 소식을 비롯하여 각종 사건이나 사고, 수사나 재판 상황, 판결내용, 기상정보 등 여러 가지 사실이나 정보들을 언론매체의 정형적인 간결한 문체와 표현형식을 통하여 있는 그대로 전달하는 정도에 그친 것"이라고 판단하였다. '사실의 전달에 불과한 시사보도'란 "인사발령, 부고기사, 간단한 사건사고 기사 등"이라는 것이 유력한 학설이었고 언론계의 거래 실무도 마찬가지로 보았는데, 대상판결은 그 대상을 조금 더 구체적으로 나열하였을 뿐만 아니라 "언론매체의 정형적인 간결한 문체와 표현형식을 통하여 있는 그대로 전달하는 정도의 기사"라는 구체적인 기준을 제시하였으므로, 대상판결로 인하여 보호받지 못하는 시사보도의 범위가 기존의 '인식'보다는 넓어진 것으로 판단할 수 있다.

대상판결 이후에 선고된 서울고등법원의 위 '2006나2355 판결'은 보호되지 못하는 시사보도의 범위를 보다 구체적으로 지적하고 있다. 서울고등법원은 위 판결에서 "단일한 사항에 관한 객관적인 사실만을 전하는 기사" 등을 사실전달 보도라고 하면서, 구체적으로 "기사의 내용이 기사를 작성할 때 쓰는 정형적인 표현이 사용되고, 길이가 비교적 짧고, 내용을 구성하는 사실의 선택·배열 등에 있어 특별한 순서나 의미를 가진다고 보이지 않고, 그 표현 자체가 지극히 전형적으로 이루어지고, 깊이 있는 취재에 의한 것이 아니라 단순한 관계 기관의 발표, 자료 등에 의존해 간단하게 구성되어, 그 작성자가 다양한 표현방법 중 특별한 방법을 선택했다고 보이지 않는 경우"라고 판시하였다.

대상판결과 서울고등법원의 위 판시를 함께 살펴보면, 법원이 말하는 "정형적이고 간결한 문체와 표현형식을 통한 사실전달기사"란 언론계에서 말하는 '스트레이트 기사'를 의미하는 것으로 이해된다. '스트레이트 기사'란 "논평이나 작성기자의 의견을 넣지 않고 어떤 사실을 있는 그대로 보도하는 기사"를 말하므로, 스트레이트 기사는 "저작물 작성자의 창조적 개성"이 드러나기 어려우며 "누가 하더라도 같거나 비슷할 수밖에 없는 정형적인 표현"을 사용할 수밖에 없는 보도기사의 대표적인 유형이다. 따라서 '스트레이트 기사'는 대상판결 등에서 말하는 '사실전달보도'로 저작권법의 보호대상에서 제외되는 비저작물로 해석하는 것이 타당하다는 의견이 우세한 것으로 보인다. 다만, 현재 '스트레이트 기사'를 포함하여 한 언론사의 보도기사 전체 또는 일부에 관한 저작권 이용계약이 체결되고 있는 현실에서, 대상판결이 보호대상에서 제외되는 보도기사의 범위를 너무 확대한 것이 아닌가 하는 의문이 제기될 수 있다.

하지만, 스트레이트 기사가 포함된 보도기사 전체 또는 일부는 보통 데이터베이스로 구축되어 이용에 제공되므로, 보도기사 전체나 일부는 저작권법상 데이터베이스로 보호될 수 있고, 온라인디지털콘텐츠사업발전법에 따른 온라인디지털콘텐츠로 보호받을 수도 있을 것이다. 이런 점에서 대상판결의 태도는 저작권과 표현의 자유 사이의 균형을 달성하기 위한 적극적 선택이라 판단된다.

2) 유사 판례[100)
— 서울서부지방법원 2007.11.29 선고 2007나334 판결

사건 개요

① 사실관계

원고는 인터넷 관련 사업, 전문신문 발행업 등을 목적으로 설립된 주식회사로

---

100) 박준우(2008), 「보도기사(straight news)의 저작물성」, 《저작권문화》(서울: 한국저작권위원회) 2008년 1월호(통권 161호), pp. 28~29 참조.

서 인터넷 뉴스기사 및 각종 서비스 등을 포털사이트나 일반 기업체에 제공하고, 위 포털사이트 등으로부터 정보이용료를 지급받는 동시에 원고의 웹사이트를 통하여 일반 독자들에게도 위 인터넷 뉴스기사 등을 무료로 제공하고 있으며, 원고의 웹사이트에 게재되어 있는 인터넷 뉴스기사 등 콘텐츠의 저작권자이다.

피고는 전자부품 제조 판매 및 수출업 등을 목적으로 설립된 주식회사로 2002년 3월경부터 2005년 7월경까지 사이에 원고의 웹사이트에 게재되어 있는 총 170여 건의 기사를 원고의 동의 없이 복제, 피고의 웹사이트에 전재하였다.

② 당사자의 주장

원고는 피고가 원고의 동의 없이 원고의 웹사이트에 게재되었던 저작물인 이 사건 기사를 복제하여 피고의 웹사이트에 전재함으로써 원고의 저작권을 침해하였으므로 피고는 원고에게 손해액 및 지연손해금(1,450만 원 상당)을 배상할 책임이 있다고 주장하였다.

원고의 주장에 대하여 피고는 다음과 같이 항변하였다.

첫째, 이 사건 기사는 '사실의 전달에 불과한 시사보도'에 해당하므로 저작권법이 보호하는 저작물이 아니다.

둘째, 이 사건 기사가 저작물에 해당하는 경우에도 피고의 웹사이트 내의 업계뉴스 항목에서 원고의 기사를 다른 기사들과 함께 수록하였을 뿐 위 기사를 영리 목적으로 게재한 것이 아니므로 이로 인한 재산상의 이득이 없었다.

셋째, 원고는 콘텐츠 공급계약을 체결하여 기사를 제공하고 정보이용료를 받거나 원고의 웹사이트를 통하여 일반인들에게 기사를 무료로 제공함으로써 웹사이트 방문을 유도하여 광고수익을 얻고 있다. 피고가 원고의 웹사이트에 게재된 기사 중 일부에 불과한 IT업계의 동향에 관한 기사를 피고의 웹사이트에 전재함으로 인하여 원고의 웹사이트를 방문하는 사람들의 수가 줄어들어 원고에게 손해가 발생하였다고 볼 수 없다.

넷째, 손해배상액은 원고가 다른 신문사 등으로부터 받는 전재료 상당액을 기준으로 한정되어야 한다.

법원의 판단

① 이 사건 기사가 저작물인지의 여부

저작권의 보호대상인 저작물이 되기 위해서는 '저작자의 창조적 개성'이 드러난 표현이어야 한다. 신문기사도 저작물로서 보호되기 위해서는 기사를 작성한 자의 창조적 개성이 드러난 표현이 있다고 인정되어야 한다. 예를 들면, 인사발령기사, 부고기사, 주식시세, 육하원칙에 해당하는 기본적인 사실로만 구성된 간단한 사건사고·기사 등 "누가 하더라도 같거나 비슷할 수밖에 없는 표현"으로만 구성된 기사는 저작물이 아닌 '사실의 전달에 불과한 시사보도'이기 때문에 저작권법의 보호를 받을 수 없다.

반면에 사실을 전달하기 위한 보도기사라도 "소재의 선택과 배열, 구체적인 용어 선택, 어투, 문장 표현 등에 창작성이 있거나 작성자의 평가, 비판 등이 반영된 경우"에는 저작물에 해당한다. 이 사건의 기사 중 한 개를 제외한 나머지 기사는 단순한 사실의 나열에 그치지 않고 작성자의 창조적 개성이 드러나 있으므로 저작물에 해당한다. 피고는 원고의 동의 없이 이 사건의 기사를 복제하고 피고의 웹사이트에 전재하여 불특정 다수의 접속자들에게 공개함으로써 원고의 이 사건 기사에 대한 저작권을 침해하였다.

② 원고에게 손해가 발생하였는지의 여부

저작권자는 손해의 발생 사실에 관하여 구체적으로 주장·입증할 필요는 없고, 권리 침해의 사실과 통상 받을 수 있는 금액을 주장하여 입증하면 된다. 원고는 인터넷 포털사이트나 일반 기업체에게 원고의 웹사이트에 게재된 기사 등의 콘텐츠를 제공하여 인터넷 포털사이트 등으로부터 정보이용료를 지급받았으므로 원고에게 손해가 발생하였다고 볼 수 있다.

③ 기타 쟁점

첫째, 피고가 영리 목적으로 웹사이트에 기사를 전재한 것이 아니라도 저작권 침해가 인정되는 것에는 영향을 미치지 않는다.

둘째, 원고인 저작권자가 침해행위와 유사한 형태의 저작물 사용과 관련하여 저작물 사용계약을 맺고 사용료를 받은 사례가 있는 경우에는, 그 사용계약에서 정해진 사용료를 저작권자가 그 권리의 행사로 통상 받을 수 있는 금액으로 보아 이를 기준으로 손해액을 산정함이 상당하다.

법원은 이 같은 기준에 따라 640만 원의 손해배상금과 그 지연손해금을 인정하였다.

판례 분석

신문기사는 일반적으로 '어떤 사건에 대하여 논평이나 해설 등을 가하지 않고 사실 그대로 객관적으로 보도'한 보도기사(straight news)와 '사설·논설·칼럼·탐방기사·시사만평·미디어비평·서평 등'의 피처기사(feature story)로 구분된다. 저작자의 개성이 드러날 수밖에 없는 '피처기사'는 저작물에 해당하며, 지속적으로 저작물성이 문제되어 온 것은 '보도기사'이다. 이 사건을 다룬 법원은 사실을 전달하기 위한 보도기사라도 소재의 선택과 배열, 구체적인 용어 선택, 어투, 문장 표현 등에 '창작성'이 있는 경우에는 저작물에 해당한다고 하였다.

이러한 법원의 태도는 "작성자가 수집한 소재를 선택, 배열, 표현할 수 있는 다양한 방법 중 자신의 일정한 관점과 판단기준에 근거하여 소재를 선택하고, 이를 배열한 후 독자의 이해를 돕기 위한 어투, 어휘를 선택하여 표현"한 경우에는 작성자의 창조적 개성이 드러나 있으므로 단순한 사실의 전달에 불과한 시사보도의 정도를 넘어선 저작물이라고 판단한 다른 법원의 판단[101]과 유사하다.

그러나 보도기사의 저작물성에 대하여 대법원은 "언론매체의 정형적이고 간결한 문체와 표현형식을 통하여 있는 그대로 전달하는 정도에 그치는 것"은 '단순한 사실의 전달에 불과한 시사보도'이기 때문에 저작물이 아니라고 판시하였다. 따라서 지방법원이 제시한 "소재의 선택 및 배열기준"을 만족시키는 '보도기사' 중 대법원이 제시한 "언론매체의 정형적 문체기준"을 충족시킨 기사가 얼마나 될 것인가 하는 점은 여전히 의문으로 남아 있다.

---

101) 대구지방법원 2006.12.28. 선고 2006노2877 판결. 대법원 2006.9.14. 선고 2004도5350 판결에 의한 파기환송 후 다루어진 내용을 말함.

(1) 판시 사항

① '사실의 전달에 불과한 시사보도'를 저작권법의 보호대상에서 제외한 취지

② 저작권의 보호대상 및 두 저작물 사이의 실질적 유사성 유무의 판단기준

〈이하 생략〉

(2) 주문

원심판결 중 저작재산권 침해로 인한 손해배상청구에 관한 부분을 파기하고, 이 부분 사건을 서울고등법원으로 환송한다. 원고의 상고 중 저작인격권 침해로 인한 손해배상청구에 관한 부분은 이를 각하한다. 원고와 피고의 나머지 상고를 모두 기각한다.

(3) 이유

① 원고의 상고이유에 대하여

구저작권법(2006.12.28. 법률 제8101호로 전부개정되기 전의 것, 이하 같다) 제7조는 "다음 각 호의 1에 해당하는 것은 이 법에 의한 보호를 받지 못한다"라고 규정하여 일정한 창작물을 저작권법에 의한 보호대상에서 제외하면서 제5호에 '사실의 전달에 불과한 시사보도'를 열거하고 있는바, 이는 원래 저작권법의 보호대상이 되는 것은 외부로 표현된 창작적인 표현형식일 뿐 그 표현의 내용이 된 사상이나 사실 자체가 아니고, 시사보도는 여러 가지 정보를 정확하고 신속하게 전달하기 위하여 간결하고 정형적인 표현을 사용하는 것이 보통이어서 창작적인 요소가 개입될 여지가 적다는 점 등을 고려하여, 독창적이고 개성 있는 표현 수준에 이르지 않고 단순히 '사실의 전달에 불과한 시사보도'의 정도에 그친 것은 저작권법에 의한 보호대상에서 제외한 것이라

고 할 것이다(대법원 2006.9.14. 선고 2004도5350 판결 등 참조).

위 법리와 기록에 비추어 살펴보면, 원심 판시의 이 사건 원고 기사 중 이 사건 저작권 인정 기사를 제외한 나머지 기사들은 스포츠 소식을 비롯하여 각종 사건이나 사고, 수사나 재판 상황, 판결내용 등 여러 가지 사실이나 정보들을 언론매체의 정형적이고 간결한 문체와 표현형식을 통하여 있는 그대로 전달하는 정도에 그치는 것임을 알 수 있어, 저작권법에 의하여 보호되는 저작물이라고 할 수 없다.

같은 취지의 원심 판단은 정당한 것으로 수긍할 수 있고, 거기에 원고가 상고이유에서 주장하는 바와 같은 저작권법상의 보호대상이 되는 저작물의 범위에 대한 법리 오해의 위법이 없다.

② 피고의 상고이유에 대하여

저작권의 보호대상은 학문과 예술에 관하여 사람의 정신적 노력에 의하여 얻어진 사상 또는 감정을 말, 문자, 음, 색 등에 의하여 구체적으로 외부에 표현한 창작적인 표현형식이고, 표현되어 있는 내용 즉 아이디어나 이론 등의 사상 및 감정 그 자체는 설사 그것이 독창성, 신규성이 있다 하더라도 원칙적으로 저작권의 보호대상이 되지 않는 것이므로, 저작권의 침해 여부를 가리기 위하여 두 저작물 사이에 실질적인 유사성이 있는가의 여부를 판단함에 있어서도 창작적인 표현형식에 해당하는 것만을 가지고 대비하여야 할 것이다(대법원 2000.10.24. 선고 99다10813 판결 등 참조).

위 법리와 기록에 비추어 살펴보면, 피고의 원심 판시 이 사건 침해기사들은 일부 문장의 배열 순서 및 그 구체적인 표현 등에 있어 다소의 수정·증감이나 변경이 가하여진 것이라 하더라도, 그에 대응하는 원고의 기사 중 핵심적인 표현 부분을 그대로 전재하고 있을 뿐만 아니라, 전체적인 기사의 구성과 논조 등에 있어서 원고 기사의 창작적 특성이 감지되므로, 양 기사 사이에 실질적인 유사성이 있다 할 것이다.

같은 취지의 원심판단은 정당한 것으로 수긍할 수 있고, 거기에 피고가 상고이유에서 주장하는 바와 같은 저작물의 실질적 유사성 판단에 관한 법리 오해의 위법이 없다.

(4) 결론

그러므로 원심판결 중 저작재산권 침해로 인한 손해배상청구에 관한 부분을 파기하고, 이 부분 사건을 다시 심리·판단하게 하기 위하여 원심법원으로 환송하기로 하며, 원고의 상고 중 저작인격권 침해로 인한 손해배상청구에 관한 부분은 이를 각하하고, 원고와 피고의 나머지 상고를 모두 기각하기로 하여, 관여 법관의 일치된 의견으로 주문과 같이 판결한다.

(1) 판시 사항

① '사실의 전달에 불과한 시사보도'를 저작권법의 보호대상에서 제외한 취지

② 일간신문의 편집국장이 연합뉴스사의 기사 및 사진을 복제하여 신문에 게재한 사
안에서, 복제한 기사 및 사진 중 단순한 사실의 전달에 불과한 시사보도의 정도를
넘어선 것만을 가려내어 저작권법상 복제권 침해행위의 죄책을 인정해야 한다고
한 사례

(2) 주문

원심판결을 파기하고, 사건을 대구지방법원 본원 합의부에 환송한다.

(3) 이유

상고이유에 대한 판단에 앞서 직권으로 살핀다.

저작권법 제7조는 "다음 각 호의 1에 해당하는 것은 이 법에 의한 보호를 받지 못한
다"고 규정하여 일정한 창작물을 저작권법에 의한 보호대상에서 제외하면서 제5호에
'사실의 전달에 불과한 시사보도'를 열거하고 있는바, 이는 원래 저작권법의 보호대
상이 되는 것은 외부로 표현된 창작적인 표현형식일 뿐 그 표현의 내용이 된 사상이나
사실 자체가 아니고, 시사보도는 여러 가지 정보를 정확하고 신속하게 전달하기 위하
여 간결하고 정형적인 표현을 사용하는 것이 보통이어서 창작적인 요소가 개입될 여
지가 적다는 점 등을 고려하여, 독창적이고 개성 있는 표현 수준에 이르지 않고 단순
히 '사실의 전달에 불과한 시사보도'의 정도에 그친 것은 저작권법에 의한 보호대상
에서 제외한 것이라고 할 것이다.

그런데 기록에 편철된 연합뉴스사의 기사 및 사진 사본에 의하면, 주식회사 (신문명 생략)의 편집국장이던 피고인이 일간신문인 (신문명 생략)을 제작하는 과정에서 복제한 공소사실 기재 각 연합뉴스사의 기사 및 사진 중에는 단순한 사실의 전달에 불과한 시사보도의 수준을 넘어선 것도 일부 포함되어 있기는 하나, 상당수의 기사 및 사진은 정치계나 경제계의 동향, 연예·스포츠 소식을 비롯하여 각종 사건이나 사고, 수사나 재판 상황, 판결내용, 기상정보 등 여러 가지 사실이나 정보들을 언론매체의 정형적이고 간결한 문체와 표현형식을 통하여 있는 그대로 전달하는 정도에 그치는 것임을 알 수 있어, 설사 피고인이 이러한 기사 및 사진을 그대로 복제하여 (신문명 생략)에 게재하였다고 하더라도 이를 저작재산권자의 복제권을 침해하는 행위로서 저작권법 위반죄를 구성한다고 볼 수는 없다 할 것이다.

그렇다면 원심으로서는 공소사실 기재 각 연합뉴스사의 기사 및 사진의 내용을 개별적으로 살펴서 그 중 단순한 '사실의 전달에 불과한 시사보도'의 정도를 넘어선 것만을 가려내어 그에 대한 복제행위에 대하여만 복제권 침해행위의 죄책을 인정하였어야 할 것임에도 불구하고, 이러한 조치 없이 공소사실 기재 각 연합뉴스사의 기사 및 사진 복제행위에 대하여 모두 복제권 침해행위의 죄책을 인정한 것은, 저작권법의 보호대상이 되는 저작물의 범위에 대한 법리를 오해하였거나 심리를 다하지 않은 위법을 범한 것이라 할 것이고, 이러한 위법은 판결 결과에 영향을 미쳤음이 분명하다.

(4) 결론

그러므로 양형부당을 주장하는 피고인의 상고이유에 대하여 나아가 살필 필요 없이 원심판결을 파기하고, 이 사건을 다시 심리·판단하게 하기 위하여 원심법원에 환송하기로 하여 관여 법관의 일치된 의견으로 주문과 같이 판결한다.

2. 저작권 보호대상으로서의 표현과 창작성에 대한 판례[102]

—서울중앙법원 2008.1.24. 선고 2007고단4165 판결

사건 개요

공소사실은 아트디렉터인 피고인이 서울숲 공원 조성 사업장에서 A가 저작한 저작물인 드로잉(drawing)[103]과 렌더링(rendering)[104]을 기초로 하여 공원 내 조형물을 제작하여 설치하게 함으로써 A의 저작권을 침해하였다는 것으로 요약된다.

좀 더 구체적으로 살펴보면, A는 피고인으로부터 서울숲 조성사업 중 설치 조형물 제작을 제의받고 이를 수락하여 공동작업을 수행하였으나 도중에 피고인과의 의견 불일치 등을 이유로 계약관계가 종료되는 바람에 실제 조형물의 제작과 설치에는 참여하지 못하였다. 그런데 그 이전에 A는 경마장에서 달리고 있는 경주마를 소재로 드로잉과 렌더링 작업을 하였고, 그 결과물들을 피고인에게 보낸 바 있다. 이후 A가 배제된 상태에서 피고인 및 피고인이 운영하는 회사가 주축이 되어 서울숲 공원 내에 경주마들의 모습을 형상화한 조형물을 설치하였으며, 이에 A는 피고인을 저작권법 위반으로 고소하기에 이르렀다.

---

102) 신창환(2008), 「저작권으로 보호되기 위한 창작성의 정도 및 아이디어와 표현의 구별」, 《저작권문화》(서울: 한국저작권위원회) 2008년 4월호(통권 164호), pp. 28~29 참조.

103) 일반적으로 채색을 쓰지 않고 주로 선으로 그리는 회화 표현.

104) 평면인 그림에 형태·위치·조명 등 외부의 정보에 따라 다르게 나타나는 그림자·색상·농도 등을 고려하면서 실감나는 3차원 화상을 만들어 내는 과정 또는 그러한 기법을 일컫는다. 즉, 평면적으로 보이는 물체에 그림자나 농도의 변화 등을 주어 입체감이 들게 함으로써 사실감을 추가하는 컴퓨터그래픽상의 과정이다. [출처] 네이버 백과사전.

A가 제작한 드로잉과 렌더링이 저작권법에 의하여 보호되는 저작물로 인정되기 위해서는 그 요건으로 창작성이 요구되는데, A가 피고인에게 보낸 드로잉과 렌더링은 저작권법에서 요구하는 창작성을 갖추었다고 보기 어렵다. A의 드로잉과 렌더링에 나타난 '말'들의 형태 등을 종합하여 볼 때 위 드로잉과 렌더링은 조형물의 제작을 위한 첫 단계로서 기초적인 조형물의 형태를 2차원 내지 3차원적으로 구현하여 본 것에 불과하여, 이와 같은 단계에서 작가가 조형물을 통하여 표현하고자 하는 작가 자신의 독자적인 사상 또는 감정이 이미 형성화된 것으로 볼 수 없다.

물론 저작물로서 인정되기 위하여 요구되는 창작성이란 완전한 의미의 독창성을 말하는 것이 아니라 단지 어떠한 작품이 남의 것을 단순히 모방한 것이 아니고 작자 자신의 독자적인 사상 또는 감정의 표현을 담고 있음을 의미할 뿐이어서, 이러한 요건을 충족하기 위하여는 단지 저작물에 그 저작자 나름대로 정신력 노력의 소산으로서의 특성이 부여되어 있고 다른 저작자의 기존 작품과 구별할 수 있을 정도의 독창성만 갖추면 충분하다 할 것이지만, A가 만든 드로잉과 렌더링은 그 제작 단계나 형태, 내용상 이 정도 수준의 독창성도 갖추었다고 보기 어렵다.

A가 위 드로잉과 렌더링의 독창성이라고 주장하는 내용 중 경주마들을 주로 레인별로 구분한 것이나, 경주마들이 달리는 기단 부분을 토피어리(topiary)[105]로 한 부분 등은 그 아이디어 자체만으로는 저작권법의 보호대상이라고 할 수 없고, 실제 피고인이 제작한 조형물에서는 구현되지 않은 것이어서, 이와 같은 아이디어의 침해를 이유로 피고인이 A의 저작권을 침해하였다고 할

---

105) 자연 그대로의 식물을 여러 가지 동물 모양으로 자르고 다듬어 보기 좋게 만드는 기술 또는 작품.

수도 없다.

이상과 같은 판단에 따라 재판부는 피고인에 대하여 범죄 사실의 증명이 없는 경우에 해당한다는 취지로 무죄를 선고하였다.

판례 분석

① 저작권 보호대상으로서의 창작성

특정 아이디어를 떠올린 사람이 이를 어느 정도 표현하여 다른 사람에게 보냈다면 이를 받은 사람은 전적으로 그 아이디어에 입각하여 무엇인가를 창작하거나, 일부 힌트를 얻어 새로운 저작물을 창작할 수 있다. 또는, 이처럼 제공된 아이디어와는 무관하게 저작물이 창작되었는데 아이디어를 보낸 사람은 저작물에 자신의 아이디어가 반영되었다고 느낄 수 있다.

그런데 저작권 보호의 대상은 창작성 있는 표현에 한정되며, 창작성이 없는 아이디어나 표현, 혹은 창작성이 있더라도 아이디어에 불과한 것은 모두 저작권 보호대상이 아니다. 곧 창작성이 인정되는 표현에 이르지 못한 표현이나 단순한 아이디어만으로는 저작권 침해의 책임이 발생하지 않는다. 이 사건 판결에서는 드로잉과 렌더링 중 표현에 해당하는 요소의 창작성 여부와 함께 원고가 일부 특징적인 부분이라고 주장하는 부분이 아이디어에 해당하는지, 아니면 표현에 해당하는지에 대하여 각각 판단하고 있다.

② 저작권 보호대상으로서의 창작성의 정도

이 사건 판결은 A가 드로잉과 렌더링으로 '말'들의 형태 등을 표현한 것은 조형물의 제작을 위한 첫 단계로서 조형물의 형태를 2차원 내지 3차원으로 구현해 본 것에 불과하고, 제작단계나 형태, 내용상 저작권으로 보호되기 위한 창작성을 갖추지는 못한 것으로 보았다. 물론 반드시 완성된 저작물이어야만 저작권 보호를 받는 것이 아니고, 미완성이라고 하더라도 저작자의 사상 또는 감정이 일정 부분 구체화되었다면 저작권 보호대상이 될 수 있지만, 여기서는 문제가 된 드로잉과 렌더링으로 표현한 '말'들의 형태 등은 작가의 개성이 어느 정도 투영된 수준이 아닌, 극히 단순한 수준에 지나지 않는다고 판단한 것으로 보인다.

창작성이란 기본적으로는 그 저작물이 다른 저작물을 베끼지 않았다는, 즉 독자적으로 작성되었음을 뜻하지만, 나아가 저작권 보호대상이 되는지 판단하기 어려운 표현에 대해서는 그러한 표현에 '창조적 개성'이 있는지 세밀하게 검토할 필요가 있다.[106]

③ 아이디어와 표현의 구별

이 사건 판결에서는 A가 자신의 드로잉과 렌더링에서 독창적이라고 주장하는 부분, 즉 경주마들을 주로 레인별로 구분하는 것과 경주마들이 달리는 기단 부분을 토피어리로 처리한 것 등을 저작물로서의 표현이 아닌 아이디어로 판단하였다.

물론 아이디어가 상당히 구체화되면 표현이 되고 여기에 창작성이 있으면 저작권 보호의 대상이 된다. 반면, 창작적인 노력이 개입되었는지의 여부와는 관계없이 어떤 아이디어 단독으로, 혹은 그 아이디어가 저작물에 반영되어 있

---

106) 이러한 취지에서 대법원 2005.1.27. 선고 2002도965 판결은 "누가 하더라도 같거나 비슷할 수밖에 없는 표현, 즉 저작물 작성자의 창조적 개성이 드러나지 않는 표현을 담고 있는 것은 창작성이 있는 저작물이라고 할 수 없다"고 판시하고 있다. 저작권이 성립하기 위해서 작성자의 창조적 개성이 필요하다고 본 또 다른 판례로는 대법원 2007.8.24. 선고 2007도4848 판결이 있다.

다고 하더라도 그 아이디어 자체로는 저작권 보호대상이 될 수 없다. 저작물의 구성 요소 중 사상, 관념, 발명, 개념, 해법 등 넓은 의미에서 아이디어로 볼 수 있는 부분에는 정책적인 이유에서 저작권이 인정되지 않는데, 이 사건 판결에서 아이디어로 인정된 요소들이 바로 그러한 경우라고 판단된다.

하지만 실무적으로는 저작물의 어느 부분까지가 아이디어이고 어느 부분부터 표현에 해당하는지 구별하는 것은 매우 어려운 일이다. 따라서 저널리스트의 경우에도 다른 사람의 기사나 기타 저작물을 이용하면서 자의적으로 아이디어와 표현을 구별함으로써 저작권 침해 시비를 자초하지 않도록 주의할 필요가 있다. 나아가 자신이 작성한 저작물이라고 하더라도 남의 아이디어에 입각하여 이루어진 것이라면 겸허하게 다른 사람의 이용에도 관대함을 보이는 것이 당연한 도리가 아닐까 생각한다.

3. 방송프로그램에서의 영상물 인용과 저작권 침해 여부에 대한 판례[107]

— 서울남부지방법원 2008.6.5.선고 2007가합18479 판결

사건 개요

피고 지상파 방송사 및 피고 프로듀서는 2007년 3월경 자신들이 제작한 프로그램 중 연예스타의 숨은 이야기를 발굴하는 코너에서 모 연기자가 영화 〈대괴수 용가리〉에 출연한 사실이 있는지 확인하는 내용을 방송하였는데, 그 과정에서 이 사건 영화 중 일부 장면이 3분 정도 방영되었다. 한편 이 사건 영화는 1967년 '극동흥업'이 제작한 영화로서, 원고는 제작 당시 극동흥업의 대표였던 망인 A의 아들이다. 원고는 피고들이 이 사건 프로그램에서 이 사건 영화를 일부 이용한 것에 대하여 원고의 허락을 받지 않았다는 이유로 손해배상소송을 제기하기에 이르렀다.

법원의 판단

재판부는 피고들이 "제작자인 A는 이 사건 영화의 제작에 창작적으로 이바지한 바가 없으므로 저작권자가 아니다"라고 주장하지만, 영상제작자는 실연자들로부터 저작물의 권리를 양수한 것으로 봄이 경험칙상 분명하므로 이러한 주장은 이유가 없다고 판단하였다.[108]

저작권법 제28조 '공표된 저작물의 인용'에 해당하는지 여부를 판단함에

---

107) 안혁(2008), 「오락성 방송 프로그램에서의 영상물 인용과 저작권 침해 여부」, 《저작권문화》(서울: 한국저작권위원회) 2008년 10월호(통권 170호), pp. 23~25 참조.

있어서 반드시 비영리적인 목적을 위한 이용만이 인정될 수 있는 것은 아니지만, 영리적인 목적을 위한 이용은 비영리적 목적을 위한 이용의 경우에 비하여 자유이용이 허용되는 범위가 상당히 좁아진다. 결국 피고들이 이 사건 프로그램에서 이 사건 영화를 일부 인용한 것이 시청자들에게 정보와 재미를 주기 위한 목적이었다고 하더라도 그 이용의 성격은 상업적·영리적인 점, 피고 방송사가 자신의 인터넷 홈페이지를 통하여 유료로 이 사건 프로그램을 방송한 점, 피고들이 원고로부터 이 사건의 영화 이용에 대한 동의를 받는 것이 어렵지 않았다는 점 등 이 사건 변론에 나타난 여러 사정을 고려할 때, 피고들의 행위가 공정이용에 해당한다고 볼 수 없다는 것이다.

이 같은 이유에 따라 재판부에서는 피고들이 원고에게 손해배상액으로 300만 원을 지급하여야 한다고 판결하였다.

판례 분석

① 저작권법 제28조에 의한 저작권 제한요건

저작권법 제28조에서는 "공표된 저작물은 보도·비평·교육·연구 등을 위하여는 정당한 범위 안에서 공정한 관행에 합치되게 이를 인용할 수 있다"고 규정한다. 여기서 '보도·비평·교육·연구 등'이라고 하고 있어 명시된 인용의 목적은 예시인 것으로 이해된다.[109] 따라서 이 조항에 해당하기 위한 인용의 목적은 보

---

108) 이 사건 판결은 이 사건 영화의 제작자 대표 A가 영화제작자로서 실연자들로부터 저작권을 양도받았음을 경험칙으로 인정하였다. 이는 이 사건 영화가 제작된 1967년에는 현행 저작권법에서 규정하고 있는 '영상저작물에 관한 특례' 조항이 없어 영화제작자에의 저작권 귀속을 추정할 수 없기 때문에 영화감독 등 영화제작에 참여한 사람들의 권리를 A가 양도받은 것으로 인정하였다는 뜻이다. 영상저작물에 관한 특례조항은 저작권법이 1986년 12월 31일자 법률 제3916호로 전문개정되면서 신설되었다.

도·비평·교육·연구에 한정되는 것은 아니지만, 인용의 '정당한 범위'는 인용저작물의 표현형식상 피인용저작물이 보족(補足), 부연(附椽), 예증(例證), 참고자료 등으로 이용되어 인용저작물에 대하여 부종적(附從的) 성질[110]을 가지는 관계에 있다고 인정되어야 한다. 나아가 정당한 범위 안에서 공정한 관행에 합치되게 인용한 것인지 여부에 있어서도 인용의 목적, 저작물의 성질, 인용된 내용과 분량, 피인용 저작물을 수록한 방법과 형태, 독자의 일반적 관념, 원저작물에 대한 수요를 대체하는지 여부 등을 종합적으로 고려하여 판단되어야 한다.[111]

② 법원의 판단에 대한 검토

이 사건에 대한 법원의 판단은 다음과 같은 사실에 입각하여 판결했다는 점에서 의미가 있는 것으로 정리할 수 있다.

첫째, 이 사건 프로그램이 정보 제공의 성격보다는 화제가 되는 영상이나 사진들을 이용하여 시청자들의 흥미를 유발하는 오락성 프로그램인 점

둘째, 이 사건은 '썸네일 이미지(thumbnail image)'[112] 등 새로운 저작물 이용매체에서의 인용의 문제가 아닌 전통적인 영상물 이용의 형태로서 권리자의 허락에 의한 이용이 관행화된 이용 형태라는 점

셋째, 원고가 2007년 9월경 모 국제영화제에 이 사건 영화의 상영을 허락하기도 한 점 등에 비추어볼 때, 이 사건 프로그램에서 이 사건 영화를 일부 이용한 것은

---

109) 예시로 이해하더라도 단순한 시간 절약 목적, 자신의 저작물을 꾸미고 흥미를 유발하려는 목적에 의한 인용은 이에 해당한다고 보기 어렵다. 오승종(2008), 『저작권법』(서울: 박영사), pp. 591~592 참조.

110) 인용저작물이 주가 되고 피인용저작물이 종의 관계에 있는 상태를 말함.

111) 대법원 1998.7.10. 선고 97다34839 판결 등 참고.

112) 페이지 전체의 레이아웃을 검토할 수 있게 페이지 전체를 작게 줄여 화면에 띄운 것.

저작권법 제28조에서 규정하고 있는 인용 목적의 범위 내에 있다고 보기 어렵고, 그 이용의 형태도 공정한 관행에 합치된다고 보기 어렵다는 점

한편, 저작권법 제28조에 대한 최근 대법원 판결의 태도는 제28조의 구체적 요건에 해당하는지에 대한 판단과 더불어 '수요 대체', '시장적 경쟁관계'가 보다 중요한 판단 요소로 기능하고 있는 것으로 보인다. 이는 인터넷 포털사이트 운영자의 썸네일 이미지 제공 사례에 대한 판결[113]에서도 잘 나타나 있다.

이 사건에서 대법원은 다음과 같은 사실을 들어 썸네일 이미지를 제공한 행위가 공정한 인용에 해당한다고 판시한 바 있다.

첫째, 원사진작품들이 이미 개인 홈페이지에서 공표한 것이라는 점
둘째, 보다 나은 검색서비스를 제공하고 검색서비스 이용자들에게 그 이미지의 위치 정보를 제공하는 것인 만큼 상업적인 성격은 간접적이고 부차적인 것에 불과하고, 완결된 정보 제공을 위한 공익적 성격이 강하다는 점
셋째, 썸네일 이미지는 원본에 비해 훨씬 작아 사진작품들을 그 본질적인 면에서 사용한 것으로 보기 어렵다는 점
넷째, 썸네일 이미지가 원저작물인 사진작품의 수요를 대체한다고 보기도 어렵다는 점

이와 같은 저작권법 제28조에 대한 대법원의 판단은 미국 저작권법에서 규정하고 있는 '공정이용(fair use)' 요건을 차용한 것으로 보인다. 하지만 저작권법 제28조를 비롯한 우리 저작권법이 규정하고 있는 저작재산권 제한에 대한

---

113) 대법원 2006.2.9. 선고 2005도7793 판결.

규정은 열거적 규정이며, 그 문언(文言)에 충실하게 정당한 범위와 공정한 관행의 요건 아래에서 각 요건을 해석하여야 한다는 점에서 또 다른 쟁점을 내재하고 있다.

따라서 현행 저작권법 제28조에 해당하기는 어렵지만, 자유이용 내지 공정이용으로 해석할 수 있는 이용 형태에 대비하기 위한 법적 개선 작업이 필요하다고 판단된다. 특히, 저널리즘 활동으로서의 보도방송의 경우 어느 정도까지 다른 저작물의 인용이 가능한지 구체적인 가이드라인을 확정하고 적용하는 일이 필요할 것이다. 현행 저작권법상의 '공표된 저작물의 인용' 규정만으로는 저널리즘 활동 전반을 아우르기에 불충분하기 때문이다.

4. 저작권 침해의 요건에 관한 판례[114]

—대법원 2007.12.13. 선고 2005다35707 판결

사건 개요

사건 신청인은 자신의 전문성과 경험을 살려 대중을 상대로 한 생각과 사계절 색채이론 및 메이크업 이론에 대한 일반적이고 기초적인 어문저작물(이하 '이 사건 저작물'이라 한다)을 창작하였고, 이 사건 저작물이 공표된 이후 피신청인은 이 사건 저작물과 동종 분야인 사계절 색채이론 및 메이크업 이론에 대한 보다 전문적인 서적(이하 '이 사건 서적'이라 한다)을 작성하여 출판하였다. 이에 신청인은 이 사건 저작물과 이 사건 서적 사이에 37개의 대응 부분이 동일 또는 유사하다는 이유로 이 사건 서적의 출판 및 판매를 금지하는 저작권침해금지가처분을 제기하였다. 이에 대하여 원심인 서울고등법원에서는 피신청인이 이 사건 서적을 작성할 당시 이 사건 저작물에 대한 접근 가능성이 있었고 다수의 대응 부분에 실질적 유사성이 있다고 판단하여 저작권침해금지가처분을 인용하였으며, 이에 대하여 피신청인은 대법원에 상고하기에 이르렀다.

법원의 판단

① 복제권 침해의 요건

저작권법에서 규정하고 있는 저작재산권으로서의 복제권 침해 여부를 가리기

---

114) 정성원(2008), 「오락성 방송 프로그램에서의 영상물 인용과 저작권 침해 여부」, 《저작권문화》(서울: 한국저작권위원회) 2008년 3월호(통권 163호), pp. 27~29 참조.

위해서는 먼저 대상 저작물이 기존 저작물에 의거(依據)하여 작성되었다는 점과 더불어 기존 저작물과 대비 대상이 되는 저작물 사이에 실질적 유사성이 있다는 점이 동시에 인정되는지 살펴야 한다. 이 중 의거관계는 대상 저작물이 기존 저작물에 의거하여 작성되었다는 사실 그 자체가 직접 인정되지 않더라도 기존 저작물에 대한 접근 가능성, 실질적 유사성 등 간접사실이 인정된다면 의거성을 추정할 수 있을 것이다. 하지만 법원에서는 반면에 대상 저작물이 기존 저작물과 무관하게 독립적으로 창작되었다고 볼 만한 간접사실이 인정되는 경우 의거성을 추정하기 어렵다고 판시하였다.

② 의거관계에 대한 구체적 판단

원심에서는 피신청인이 이 사건 서적을 작성할 당시 이 사건 저작물에 대한 접근 가능성이 있었고, 이 사건 서적과 이 사건 저작물의 각 대응 부분 사이에 실질적 유사성이 있으므로 이 사건 서적이 이 사건 저작물에 의거하여 작성되었음을 사실상 추정할 수 있는 여지가 있으나, 반면에 다음과 같은 점을 고려한 결과 이 사건 서적이 이 사건 저작물과 무관하게 독립적으로 창작되었다고 볼 여지가 나타나 있다고 하면서 원심을 파기하였다.

첫째, 피신청인은 다년간 사계절 색채이론 및 메이크업 기술을 연구하여 이 사건 서적을 저술할 능력을 갖춘 것으로 보인다.

둘째, 이 사건 서적은 이 사건 저작물보다 색채이론 및 메이크업 기술에 대한 전문적인 이론서도 깊은 내용을 담고 있다.

셋째, 이 사건 저작물 중 침해로 주장되고 있는 부분들은 기존의 관련 서적들에 의하여 공지된 내용을 요약하여 놓은 것으로서 이 사건 서적 말미의 참고문헌 목록에서 아주 세밀하고 광범위하게 참고서적이 망라되어 있다.

넷째, 이 사건 서적을 작성함에 있어 참고한 자료라고 하면서 제출한 각종 소명자료들이 방대하고 그 내용도 구체적이며 자세하다.

판례 분석

① 저작권 침해의 인정 기준

저작권법을 실제에 적용함에 있어 특히 어문저작물 분야에서 다른 저작자가 작성한 저작물 사이에 유사성이 인정되는 경우 나중에 작성된 저작물이 앞서 작성된 저작물의 저작재산권(복제권 또는 2차적저작물작성권)을 침해하였는지 명확히 구별하는 것은 결코 쉬운 일이 아니다. 이는 저작권법에서 말하는 '창작성'이 산업재산권에서 의미하는 '신규성'과 달리 "베끼지 않았다는 것"이라는 의미라는 점에서 과연 나중에 작성된 저작물이 앞서 작성된 저작물을 베긴 것으로 볼 수 있느냐 하는 문제와 같은 맥락이라고 할 수 있다.

결국 전문가들은 이러한 저작권 침해 여부를 구별하기 위하여 필요한 기준으로서 이른바 '의거성'과 '실질적 유사성'이라는 요건을 들고 있으며, '의거성' 대신 '접근성' 내지 '접근가능성'을 그 요건으로 예시하고 있기도 하다. 이 사건 판례에 있어서도 이러한 요건을 적용하여 일단 실질적 유사성은 인정된다고 하였으나, 이른바 '의거관계'가 인정되지 않는다는 이유로 원심을 파기한 것으로 해석된다.

② '의거성' 또는 '접근성'

저작권 침해의 주요한 요건으로 거론되는 '의거'란, 앞서 창작된 다른 사람의 저작물을 보고 그것의 전부 또는 일부를 베꼈다는 뜻을 담고 있다. 과거에 통신 및 복제기술이 발달하지 않았던 시대를 돌이켜본다면 만일 비슷한 주제에 대하여 동시다발적으로 유사한 저작물이 창작되었다고 하더라도 각 저작물의 저작자가 서로 멀리 떨어진 공간에서 작업을 하였다면 서로의 저작물을 볼 수 없었다는 점에서 저작권 침해 문제가 발생할 여지는 거의 없었을 것이다. 그러나 오늘날과 같이 교통 및 통신 수단이 급속도로 발달하고, 특히 인터넷과 같은 정보통신망이 일상적인 커뮤니케이션 수단으로 정착함에 따라 언제 어디서 만들어지는 저작물이든 손쉽게 접근할 수 있다는 점에서 새로운 문제가 제기되고 있는 것이다. 곧 서로 다른 저작물 사이에 실질적 유사성이 인정된다면 사실상 나중에 작성된 저작물은 이전에 작성된 저작물에 의거하였다고 의심 받을 수밖에 없는 상황이 발생하는 것이다.

한편, 저작권 침해 요건으로 '의거' 대신 '접근성(access)'이라는 말이 더 타당하다는 견해도 있다. 여기서 접근성이란, 피고가 실제로 원고의 저작물을 보거나 접할 수 있는 가능성이 매우 높다는 뜻을 내포하고 있다. 예를 들어, 원고의 저작물이 널리 출판되고 있었다거나 피고와 관련 있는 제3자가 원고의 저작물을 소유하고 있었다는 등의 사실로서 접근성이 인정되고, 여기에 실질적 유사성이 인정된다면 다른 반증이 없는 한 저작권 침해가 입증된 것으로 본다는 뜻으로, 이는 미국 판례이론의 입장이기도 하다.

이 사건 판례에 있어서도 "대상 저작물이 기존의 저작물에 의거하여 작성되었다는 사실이 직접 인정되지 않더라도 기존의 저작물에 대한 접근 가능성이 인정되면 〈중략〉 대상 저작물이 기존의 저작물에 의거하여 작성되었다는 점은 사실상 추정된다"고 판시하고 있다. 저작권 침해의 요건으로 통상 제시되는 '의거'는 매우 주관적인 것으로 실무적으로 침해자 스스로 베낀 것이라고 자백하지 않는 한 입증이 거의 불가능하다는 점에서, '실질적 유사성' 이외에 '접근성'이라는 요건이 충족되는 경우 반증이 없는 한 저작권 침해를 추정하는 것은 일단 유용하다.

그럼에도 이 사건 판례는 접근성과 관련하여 피신청인에게 이 분야에서의 전문성이 인정되는 점, 동일성이 인정되는 부분은 이미 공지된 기존 서적들에 있는 점, 이 사건 서적을 작성할 당시 참고자료가 매우 방대한 점 등을 들어 이 사건 서적이 이 사건 저작물과 무관하게 독립적으로 창작되었다고 볼 반증이 있다고 판시하고 있다. 다만, 사실상의 저작권 침해라는 추정을 뒤집을 만한 반증의 강도는 과연 어느 정도여야 하는지에 대해서는 여전히 논란의 여지가 있는 것으로 보인다.

③ 실질적 유사성

서로 다른 저작자의 저작물 사이에 저작권 침해가 성립하려면 무엇보다도 '실질적 유사성'이 있어야만 한다. 이러한 실질적 유사성 판단에 있어 두 저작물 사이에 동일성이 인정된다면 복제권의 침해가 되며, 종속성이 인정된다면 2차적저작물작성권 침해가 될 수 있다. 이 사건 판례에서는 이 사건 서적의 발췌 부분과 이 사건 저작물의 대응 부분을 비교하여 단순히 실직정 유사성이 인정된다고 판시하고 있으나, 실무상 두 저작물 사이의 실질적 유사성 여부를 판단하는 과정에는 여러 가지 어려움이 따를 수밖에 없다.

우선 두 저작물 사이에 동일한 부분이 있다면, 이는 양적으로 허용되는 인용으로 볼 수 있는 부분을 복제한 것인지 아니면 원저작물의 잠재적 수요를 감소시킬 정도의 인용을 한 것인지, 또는 질적으로 핵심적이고 중요한 부분을 복제한 것인지 등등 따져보아야 할 부분들이 적지 않기 때문이다. 그런데 만일 두 저작물 사이에 이와 같이 명백히 동일한 부분이 존재하지 않는다면 최종적인 판단을 내리기가 결코 쉽지 않을 것이다.

예를 들어, 같은 어문저작물의 경우라도 소설처럼 픽션의 경우에는 주제,

줄거리, 사건, 등장인물 등에 있어서 어느 정도 유사성이 인정된다면 실질적 유사성이 인정된다고 할 수 있지만, 역사적 사실이나 특정 인물의 일대기를 다룬 논픽션의 경우에는 주제, 줄거리, 사건, 등장인물이 동일 또는 유사하다고 하여 실질적 유사성이 인정되기 어려우므로 그 문장의 표현방식이나 사건의 전개방식에 있어 얼마나 독창성이 적용되어 있느냐에 따라 실질적 유사성을 판단하여야 할 것이다. 아울러 서로 다른 어문저작물로서 개별적 문장에 유사한 부분이 없다고 하더라도 저작물 전체로 포괄적인 유사성이 인정되는 경우에 실질적 유사성이 인정될 수 있을 것이다.

따라서 이 사건의 판례의 경우 이 사건 서적의 발췌 부분과 이 사건 저작물의 대응 부분이 다수가 동일하였다고 하더라도 그 부분이 동일하다는 것만으로 실질적 유사성을 인정한 부분은 성급한 판단이 아닐까 싶다. 오히려 그 동일한 부분이 이 사건 서적에서 양적 및 질적으로 어떠한 역할을 하고 있으므로 실질적 유사성이 인정된다고 판단하는 것이 타당하다고 생각된다.

결국 실무상으로 보면 저작권 침해에 대한 분쟁이 발생하더라도 어떠한 경우에 저작권 침해가 되는지 판단하기는 매우 어려운 것이 현실이다. 따라서 우리 언론계 종사자들도 저널리즘 활동의 결과물에 대한 저작권 침해의 요건으로서 '의거' 또는 '접근성' 및 '실질적 유사성'이라는 개념을 정확하게 이해함으로써 철저한 저작권 보호와 더불어 저작물 이용자의 편의성 또한 높아지는 환경을 구축해 나가야 할 것이다. 그런 측면에서 이 사건 판결은 저작권 침해의 인정 기준을 명확히 제시하였고 이를 통하여 저작권 침해 여부를 판단해 볼 수 있는 잣대를 제공하여 주었다는 점에서 의미가 크다고 하겠다.

5. 본문 디자인의 저작물성에 대한 판례[115]

—서울중앙지방법원 2010.1.13. 선고 2009카합3104 결정

사건 개요

도서 디자인업자인 K(신청인)는 학습도서 출판업체(피신청인)와 교과용 도서에 관한 디자인용역계약을 체결하고, 이 사건 교과서의 디자인에 관한 작업을 담당하게 되었다. 계약에 따라 K는 교과서의 내용에는 관여하지 않았으나, 서체의 모양, 크기 및 색채의 선택, 줄 간격의 조정, 여백의 정도, 그림 내지 사진의 변형과 배열, 배경 색채의 결정, 캐릭터나 기호의 사용 등을 통하여 교과서의 내용을 좀 더 시각적으로 부각시킬 수 있도록 구성하는 작업을 담당하였다고 주장하였다.

이후 피신청인은 이 사건 교과서를 출판하면서 판권란에 신청인이 아닌 피신청인 소속 직원들을 그 디자인 담당자로 기재하였으며, 이에 K는 피신청인이 신청인의 저작인격권으로서의 '성명표시권'을 침해하였다고 주장하였다. 이러한 주장에 근거하여 신청인은 피신청인을 상대로 저작물 이용을 제한하는 가처분을 신청하기에 이르렀다.

이 사건에서 신청인 K는 교과서에 삽입한 그림이나 책표지 도안과 같이 교과서의 내용과 명확히 구분되는 부분을 독자적으로 창작하여 디자인 작업을 수행하였다는 점에 대해서는 별도의 주장이나 입증을 하지 않았다.

---

115) 정진근(2010), 「책 디자인, 저작권 보호대상이 아니다」, 《저작권문화》(서울: 한국저작권위원회) 2010년 3월호(통권 187호), pp. 38~39 참조.

법원은 이 사건의 쟁점으로, 신청인 K가 디자인한 부분이 응용미술저작물에 해당하는지 판단하였고, 응용미술저작물인지 판단하기 위하여 분리 가능성이 있는지의 여부를 판단하고 있다.

우선, 응용미술저작물이란 "물품에 동일한 형상으로 복제될 수 있는 미술저작물로서 그 이용된 물품과 구분되어 독자성을 인정할 수 있는 것을 말하며, 디자인 등을 포함한다"고 저작권법에서 규정하고 있는바, 이러한 정의에 따르면 이 사건 교과서 디자인이 응용미술저작물로서 저작권법의 보호를 받기 위해서는 적어도 산업적 목적의 이용을 위한 '복제 가능성'과 함께 해당 물품의 실용적·기능적 요소로부터의 '분리 가능성'이라는 두 가지 요건이 충족되어야 한다고 보았다. 이 중 '복제 가능성'은 쉽게 인정되므로, 주로 '분리 가능성'에 대하여 살펴보고 있다.

여기서 '분리 가능성'이란 넥타이의 문양과 같이 그 물품의 기능적 요소와는 구분되는 미적인 요소로서, 독자성이 인정됨에 따라 그 자체로 얼마든지 다른 물품(의류, 가방 등)에도 적용될 수 있는 성질을 의미한다. 그런데 신청인이 담당하였다는 이 사건 교과서의 편집이나 구성 등 형식적인 부분은 모두 그 내용(교과서 원고)의 존재를 전제로 이를 효과적으로 전달하기 위한 수단에 불과하므로 문자, 그림의 형태나 배열 등 형식적 요소 자체만으로는 하나의 미술저작물이라고 할 수 있을 정도의 독자적인 실체가 인정되지 않는다고 보았다. 또 문자를 구성요소로 하지 않는 대부분의 물품에는 이를 그대로 적용할 수 없으므로 '분리 가능성'을 요건으로 하는 응용미술저작물에 해당한다고 보기도 어렵다고 판단하였다.

이 사건의 쟁점은 교과서의 본문 편집 및 구성을 포함하는 디자인이 저작권법에서 정의하고 있는 응용미술저작물로서 보호받을 수 있는가 하는 점이다. 응용미술저작물의 보호 범위에 대하여는 응용미술이 디자인보호법에 의하여 이중적으로 보호되고 있고, 이로 인하여 디자인보호법의 보호기간이 끝나 공중이 자유로이 이용하여도 무방한 디자인을 다시 저작권법으로 보호한다는 점에서 권리 및 이용 관계에 있어 혼란을 부채질한다는 이유 때문에 오래전부터 논란이 되곤 하였다.

이 같은 사정은 미국에서도 마찬가지여서 판례와 저작권청의 규정을 통하여 '분리 가능성' 여부를 보호 범위 판단의 기준으로 삼도록 발전되어 왔다. 이와 관련하여 우리나라에서는 분리가능성이론을 지지하는 학설과 이를 비판하는 학설이 대립하여 왔지만, 대법원은 '94도3266 판결'에서 "응용미술저작물의 저작권법에 의한 보호는 의장법(현재의 디자인보호법)의 보호와 중첩하므로 그 자체가 독립적인 예술적 특정이나 가치를 가지고 있어서 예술의 범위에 속하는 창작물에 해당하여야 보호된다"는 판단을 한 바 있으며, 이른바 '히딩크 넥타이' 사건에서 대법원은 응용미술저작물이 물품과 구분되어 독자성을 인정할 수 있는 것이라면 응용미술저작물로 보호되어야 한다는 취지의 판결(2003도7572)을 하기에 이르렀다. 이뿐만 아니라 우리 저작권법은 2000년 개정을 통하여 응용미술저작물의 정의를 "미술저작물로서 그 이용된 물품과 구분되어 독자성을 인정할 수 있는 것"이라고 명확하게 규정함으로써 '분리가능성이론'을 도입한다는 점을 선언한 바 있다.

이 사건 결정도 이러한 일련의 해석 원칙에 따라 판단한 것으로 평가된다. 즉, '히딩크 넥타이'의 태극 문양 및 팔괘 문양은 의류나 가방과 같은 다른 물품에도 이용될 수 있는 것이므로 응용미술저작물이 되기에 충분하지만, 교과서 내용을 전제로 하는 서체·여백·배경 등의 이른바 '편집 및 구성'이란 형태로 표현된 시각적 작업은 다른 물품에 그대로 이용될 가능성이 희박하다고 판단할 수 있을 것이다.

다만, '책 디자인'이라는 용어가 갖는 의미가 매우 넓어서 말 그대로 '책 디자인'에 해당하는 모든 것이 저작권 보호의 범위에서 제외된다고 잘못 이해할 수 있다는 점에서 주의가 요망된다. 곧 '책 디자인'에는 도서 표지의 그림이나 도안과 같은 디자인이 포함될 수 있으며, 책의 본문을 구성하는 형식, 즉 포맷(format)도 포함되기 때문이다. 따라서 책의 표지나 본문 각 페이지의 포맷은 텍스트로서의 내용을 전제로 하는 것이 아니기 때문에 다른 종류의 책이나 다른 물품에 이용할 가능성이 있는 경우라면 응용미술저작물로 보호될 수 있다고 보아야 한다. 아울러 책 내용의 일부분을 구성하는 그림이나 사진, 시, 소설, 에세이 등도 역시 창작성이 인정되는 저작물이라면 당연히 보호대상이 된다.

이 사건의 결정은 본안판결이 아닌 가처분에 대한 것이므로 향후 본안소송이 제기될 경우 법원이 어떠한 판결을 내릴지에 따라 그 결과가 달라질 가능성이 없는 것은 아니지만, 응용미술저작물 성립 요건으로서의 독자성(분리 가능성)을 제시하고 있다는 점에서 그 의의가 크다고 하겠다.

아울러 이 사건의 결론이 주는 시사점은 저널리즘 영역에서도 그대로 적용된다. 즉, 신문사마다 제각기 특색 있는 판면 구성을 하고 있는데, 이러한 디자인 포맷이 그 자체로서 분리 가능성이 인정된다면 응용미술저작물로서의 보호가 가능하다는 점에서 적극적인 대응이 필요하다고 판단된다. 나아가 특정 신문의 독창적인 디자인을 모방하거나 베끼는 행위는 저작권 침해 이전에 도덕적·윤리적으로 잘못된 것이 아닐 수 없다.

6. 무단 복제물 게시에 따른 포털사이트의 책임에 대한 판례[116]

—서울고등법원 2008.11.19. 선고 2008나35779 판결

원고는 백두산, 제주도 석양 등 우리나라의 빼어난 자연 풍광 위주로 작품 활동
을 펼쳐 온 사진작가로서 자신의 웹사이트 등에 게시하여 놓은 사진작품의 복
제물 등이 피고가 개설·운영하는 인터넷 포털사이트에 무단 게시된 것을 발견
하고, 사진저작물 합계 557장에 대한 손해를 '1장당 연 30만 원'으로 환산하여
배상하라는 취지의 청구를 제기하게 되었다.

원고는 저작재산권으로서의 '복제권·전시권, 구저작권법에 의거한 전송
권', 저작인격권으로서의 '성명표시권' 침해를 전제로 '피고 포털사업자의 직
접침해행위에 따른 불법행위책임' 또는 '피고 회사에 가입한 회원들의 침해행
위에 대한 피고의 방조행위에 따른 공동불법행위책임' 또는 '사용자 책임'을
주장하였다. 피고의 웹사이트를 통한 이미지 검색서비스는 아래 두 방법으로
제공되었다.

> 첫째, 피고 웹사이트가 아닌 다른 일반 인터넷 웹사이트에 게시된 이미지가 검색로
> 봇과 같은 이미지 수집 프로그램을 통하여 수집되는 경우(이하 '외부 이미지'
> 라 한다)
> 둘째, 피고 사이트에 회원으로 가입한 이용자에게 제공되는 '블로그' 등의 이미지
> 를 올릴 수 있는 전자게시판 서비스를 통하여 피고의 회원들이 피고의 서버

---

116) 박형상(2009), 「블로그에 무단 게재된 저작물, 포털업체에 방조책임 없다」, 《저작권문화》(서울: 한국저작권위원회)
2009년 2월호(통권 174호), pp. 26~27 참조.

에 업로드한 이미지가 검색 프로그램을 통하여 검색되는 경우(이하 '내부 이미지'라 한다)

한편 '외부 이미지'는 '상세보기' 방식을 통하여 가로 약 3cm, 세로 약 2.5cm 크기의 '썸네일 이미지'로 축소·변환된 뒤 이용자가 검색어를 입력하면 그에 해당되는 썸네일 이미지를 목록화하여 보여 주거나, 피고 웹사이트의 화면창을 통하여 원래의 이미지가 작성된 인터넷 주소에 연결(이하 '링크'라 한다)하여 원래의 웹페이지 모습을 보여 주었다.

다른 한편, 저작권 침해 문제가 제기된 이후 피고는 그 웹페이지에서 '해외 이미지'라는 분류를 통하여 검색되는 '외부 이미지'에 대하여 '상세보기 방식'에서 '링크 방식'으로 검색서비스 제공 방식을 변경하였고, 이 사건 소가 제기된 이후에는 '내부 이미지'에 대해서도 '상세보기 방식'에서 '링크 방식'으로 변경하였다.

법원의 판단

재판부는 이 사건 청구에 대하여 '저작물의 침해방법(제공되는 이미지 종류 및 제공방법), 사진저작물의 원본·이미지 성격과 희소성 여부, 사회적 이익과 사회적 손실을 비교형량하는 방법'으로 '일부인용 일부기각'하는 판결을 내렸다. 재판부는 먼저 그 이미지 출처 등에 따라 '외부 이미지', '내부 이미지', '썸네일 이미지'로 분류한 후 그 결론을 다르게 판단하였고, 그 이미지가 제공되는 방식을 '상세보기 방식', '링크 방식'으로 나누어 구별한 후 역시 그 결론을 차별적으로 판단하였다. 그 내용은 다음과 같이 두 가지로 요약할 수 있다.

첫째, '썸네일 이미지 부분', '성명표시권 침해 및 출처명시의무 위반 부분', '링크 방식 부분', '회원들 블로그를 통한, 내부 이미지 제공 부분'과 관련한 원고의 청구를 모두 배척하였다.[117]

둘째, '상세보기 방식에 의한 외부 이미지 부분'과 관련한 원고의 침해 주장은 받아들였다.

판례 분석

① 방조에 의한 공동불법행위 여부

이 사건 판결도 이른바 '소리바다 사건' 상고심 선례(대법원 2007.1.15.선고 2005다11626 판결)를 그대로 인용하고 있다. 주목할 부분은 역시 "회원들의 블로그를 통한 '내부 이미지' 제공 부분에 대하여 피고 사업자의 방조책임을 부인한 부분"이다. 이른바 '소리바다 가처분이의 사건'에서 '과실에 의한 방조도 가능하다는, 방조에 의한 공동불법행위책임'이 원칙적으로 긍정되었지만, 구체적인 방조책임의 기준 및 한계가 여전히 논란에 휩싸여 있었는데, 이 사건 판결을 통하여 그 방조책임의 한계에 해당하는 유형이 하나 제시된 셈이라고 할 수 있다. 곧 법원은 "포털사이트 가입회원이 블로그를 운영하면서 그 자신의 블로그에 저작물을 무단게시했더라도 해당 포털업체에 그 저작권 침해방조책임을 물을 수 없다"고 판단하고 있기 때문이다.

이 사건에서 재판부가 포털사이트의 방조책임을 부정한 이유는 다음과 같다.

---

117) '원래의 이미지가 게시된 웹페이지로 이동하는 링크 방식'에 대해서는 '연결·표시 방식에 불과하여 특별한 사정이 없는 한 원고사진의 복제·전송·전시행위와 동일시할 수는 없다'고 판단하였다.

첫째, 피고 회원들이 '내부 이미지'를 업로드하는 데 사용한 블로그 서비스의 성격 및 블로그 게시물에 대한 삭제·수정 권한이 피고 포털사이트 사업자에게는 없다는 점에서 방조행위와 피방조자의 불법행위 사이에 상당한 인과관계가 없다고 판단하였다.

둘째, 피고 웹사이트에 개설된 블로그 수가 500만여 개에 이르고, 이미지박스 게시물이 약 300만 개에 달하며, 인터넷 공유문화가 널리 확산되어 있는 한국적 현실, 그리고 침해 신고가 있게 되면 피고회사로서도 블라인드 처리 등의 적극적 차단조치 등을 시행하고 있는 사정 등 제반 사정을 폭넓게 종합하였다.

셋째, 인터넷 포털 사업자인 피고에게 그 권리자의 침해 신고가 있기 전부터 그 모든 게시물에 대한 전면적·사전적 감시의무나 강제적 차단·통제의무를 부과할 수는 없으며, 오히려 저작권법에서 규정하고 있는 '온라인 서비스제공자의 책임제한' 조항에 의한 '면책'의 여지가 있음을 반영하였다.

② 인터넷에 게시된 사진저작물의 가치판단 기준 및 방법

법원은 이 사건 '사진저작물'의 저작권 침해 여부와 정도를 판단함에 있어 '원본 이미지와 대체·변환된 이미지를 비교형량하는 판단방법'을 제시하였다. 그리하여 '선명도(해상도) 저하 여부, 심미감의 재현 여부, 시장수요의 대체성 여부, 사진의 이용 변환 및 검색서비스에 관련한 공공성 여부' 등을 그 판단요소로 중시하였다. 이에 '썸네일 이미지'의 경우는 "선명도가 현저하게 떨어지고 원래의 심미감 재현이 곤란하여 원본과 동일하게 사용되기 어렵고, 검색서비스 목록화에 관한 공공성이 인정된다"는 이유로 공표된 저작물의 정당한 인용에 해당한다고 판단하였다.[118]

---

118) 대법원 2006.2.9.선고 2005도7793 판결 형사사건의 선례기준을 유지한 것으로 보인다.

반면에 '상세보기 방식에 의한 외부 이미지'의 경우에는, 썸네일 이미지와 달리 "그 해상도, 그 인용된 내용 및 분량 등의 측면에서 원본의 심미감을 상당 부분 대체하고, 이 사건 이미지를 쉽게 감상할 수 있게 하는 수요 대체효과가 있다"는 이유로 공표된 저작물의 정당한 인용에 해당되지 않는다고 달리 판단하였다.

③ 재산적 손해의 산정방법 및 범위

원고가 청구 취지에서 '사진 1장당 연 30만 원'으로 주장한 것에 대하여 법원은 '손해액 인정' 기준에 관한 구저작권법 제94조[119]에 의거하여 '장당 연 10만 원'으로 산정하였다. 법원은 "업계에 일반화된 사용료를 기준으로 하여야 할 것이되, 이번 포털사이트에서는 상시 제공이 아니고 1회 노출에 불과한 점, 원본 이미지가 아니고 축소 변환된 이미지에 불과한 점, 원본 출처표시 방법으로 원본에서 접근이 가능하도록 한 점과 유사 선례 기준에도 불구하고 그 시일이 경과되고 이미 대량 유포되어 사진 희소성 및 재산적 가치가 저하된 사정 등을 두루 고려할 때 장당 10만 원이 상당하다"고 판단하였다. 이 사건 판결을 통해 '인터넷에 게시된 사진저작물에 관한 법원의 재량판단 기준'이 제시되었다는 점에서 큰 의미가 있다고 하겠다.

---

119) 구저작권법 제94조(손해액의 인정) 법원은 손해가 발생한 사실은 인정되나 제93조의 규정에 의한 손해액을 산정하기 어려운 때에는 변론의 취지 및 증거조사의 결과를 참작하여 상당한 손해액을 인정할 수 있다.

결론 및 전망

제 5 장

1. 저널리즘과 저작권, 서로에게 무엇인가?

1) 언론의 자유와 개인의 권리가 만났을 때

"국민의 언론과 출판을 국가로부터 제한받지 아니하는 자유"로서의 언론 및 출판의 자유(freedom of speech and publication), 곧 언론의 자유는 넓은 뜻으로는 '표현의 자유'의 별칭이며, 우리 헌법은 제21조에서 언론·출판의 자유를 보장하고 있다. 이러한 언론·출판의 자유는 민주정치의 필수적인 사상표현의 자유이며, 소극적인 자유이기보다는 적극적인 민주정치의 구성원리로서 공익적인 측면이 강하다.[120] 반면에 저작권은 문화 및 관련 산업의 발전을 위한 기본권이기는 하지만 사권(私權)으로서 저작자 또는 저작재산권자에게 단순히 '법으로 인정한 힘'이라는 측면이 강하다.

따라서 민주사회에서 언론의 자유와 저작권 보호라는 양면이 충돌하는 경우 무엇을 우선적으로 고려하여야 하는지 판단하는 일은 결코 쉽지 않다. 여기서는 먼저 언론의 자유와 개인의 명예 등 사권이 충돌하는 경우 법원에서는 어떻게 판단하고 있는지 주요 판례를 통하여 살펴보기로 하자.[121]

---

120) 네이버 백과사전 참조.
121) 판결문 출전 : 법고을 LX DVD 2010(법원도서관).

〈참고판결 1〉 대법원 2006.5.12. 선고 2004다35199 판결

언론·출판의 자유와 명예보호 사이의 한계를 설정함에 있어서 표현된 내용이 공공적·사회적인 의미를 가진 사안에 관한 것인 경우에는 사적인 영역에 속하는 사안에 관한 것인 경우와는 평가를 달리하여야 하고 언론의 자유에 대한 제한이 완화되어야 하며, 특히 공직자의 도덕성·청렴성이나 그 업무 처리가 정당하게 이루어지고 있는지 여부는 항상 국민의 감시와 비판의 대상이 되어야 한다는 점을 감안하면, 이러한 감시와 비판 기능은 그것이 악의적이거나 현저히 상당성을 잃은 공격이 아닌 한 쉽게 제한되어서는 아니 되는바, 공직자 또는 공직 사회에 대한 감시와 비판 기능의 수행을 그 사명의 하나로 하는 언론보도의 특성에 비추어, 언론보도의 내용이 객관적 자료에 의하여 최종적으로 확인되지는 않았다고 하더라도, 공직자의 생활이나 공직 수행과 관련한 중요한 사항에 관하여 어떤 의혹을 가질 만한 충분하고도 합리적인 이유가 있고 그 사항의 공개가 공공의 이익을 위하여 필요하다고 인정되는 경우에는, 언론보도를 통하여 위와 같은 의혹사항에 대하여 의문을 제기하고 조사를 촉구하는 등의 감시와 비판행위는 언론자유의 중요한 내용 중의 하나인 보도의 자유에 속하는 것으로 평가될 수 있으므로, 이러한 언론보도로 인하여 공직자의 사회적 평가가 다소 저하될 수 있다고 하여 바로 공직자에 대한 명예훼손이 된다고 할 수 없을 것이나, 이러한 경우에 있어서도 그 언론보도의 내용이나 표현방식, 의혹사항의 내용이나 공익성의 정도, 공직자 또는 공직 사회의 사회적 평가를 저하시키는 정도, 취재과정이나 취재로부터 보도에 이르기까지의 사실 확인을 위한 노력의 정도, 기타 주위의 여러 사정 등을 종합하여 판단할 때, 그 언론보도가 공직자 또는 공직 사회에 대한 감시·비판·견제라는 정당한 언론활동의 범위를 벗어나 악의적이거나 심히 경솔한 공격으로서 현저히 상당성을 잃은 것으로 평가되는 경우에는, 비록 공직자 또는 공직 사회에 대한 감시·비판·견제의 의도에서 비롯된 것이라고 하더라도 이러한 언론보도는 명예훼손이 된다.

〈참고판결 2〉 대법원 2007.9.6. 선고 2007다2268 판결

방송 등 언론매체가 사실을 적시하여 타인의 명예를 훼손하는 행위를 한 경우에도 그것이 공공의 이해에 관한 사항으로서 그 목적이 오로지 공공의 이익을 위한 것일 때에는 진실한 사실이거나 행위자가 그것을 진실이라고 믿을 상당한 이유가 있는 경우에는 위법성이 없다고 할 것인바, 여기서 '그 목적이 오로지 공공의 이익을 위한 것일 때'라 함은 적시된 사실이 객관적으로 볼 때 공공의 이익에 관한 것으로서 행위자도 공공의 이익을 위하여 그 사실을 적시한 것을 의미하는데, 행위자의 주요한 목적이나 동기가 공공의 이익을 위한 것이라면 부수적으로 다른 사익적 목적이나 동기가 내포되어 있더라도 무방하고, 또 여기서 '진실한 사실'이라고 함은 그 내용 전체의 취지를 살펴볼 때 중요한 부분이 객관적 사실과 합치되는 사실이라는 의미로서 세부에 있어 진실과 약간 차이가 나거나 다소 과장된 표현이 있더라도 무방하다 할 것이다.

그리고 언론·출판의 자유와 명예보호 사이의 한계를 설정함에 있어서는 당해 표현으로 인하여 명예를 훼손당하게 되는 피해자가 공적인 존재인지 사적인 존재인지, 그 표현이 공적인 관심 사안에 관한 것인지 순수한 사적인 영역에 속하는 사안에 관한 것인지 등에 따라 평가를 달리하여 공공적·사회적인 의미를 가진 사안에 관한 표현의 경우에는 언론의 자유에 대한 제한이 완화되어야 하고, 그에 관한 언론의 감시와 비판 기능은 그것이 악의적이거나 현저히 상당성을 잃은 공격이 아닌 한 쉽게 제한되어서는 아니 될 것이다(대법원 1988.10.11. 선고 85다카29 판결, 2002.1.22. 선고 2000다37524, 37531 판결, 2006.3.23. 선고 2003다52142 판결 등 참조).

〈참고판결 3〉 대법원 2008.2.1. 선고 2005다8262 판결

민사상 타인에 대한 명예훼손은 사실을 적시하는 표현행위뿐만 아니라 의견 또는 논평을 표명하는 표현행위에 의하여도 성립할 수 있는데, 어떤 사실을 기초로 하여 의견 또는 논평을 표명함으로써 타인의 명예를 훼손하는 경우에는 그 행위가 공공의 이해에 관한 사항에 관계되고, 그 목적이 공익을 도모하기 위한 것일 때에는 그와 같은 의견 또는 논평의 전제가 되는 사실이 중요한 부분에 있어서 진실이라는 증명이 있거나 그 전제가 되는 사실이 중요한 부분에 있어서 진실이라는 증명이 없더라도 표현행위를 한 사람이 그 전제가 되는 사실이 중요한 부분에 있어서 진실이라고 믿을 만한 상당한 이유가 있는 경우에는 위법성이 없다고 보아야 할 것이다(대법원 1999.2.9. 선고 98다31356 판결 참조).

그리고 언론·출판의 자유와 명예보호 사이의 한계를 설정함에 있어서는 당해 표현으로 인하여 명예를 훼손당하게 되는 피해자가 공적인 존재인지 사적인 존재인지, 그 표현이 공적인 관심 사안에 관한 것인지 순수한 사적인 영역에 속하는 사안에 관한 것인지 등에 따라 그 심사 기준에 차이를 두어 공공적·사회적인 의미를 가진 사안에 관한 표현의 경우에는 언론의 자유에 대한 제한이 완화되어야 한다(대법원 2002.1.22. 선고 2000다37524, 37531(병합) 판결 등 참조). 특히 당해 표현이 언론사에 대한 것인 경우에는, 언론사가 타인에 대한 비판자로서 언론의 자유를 누리는 범위가 넓은 만큼 그에 대한 비판의 수인 범위 역시 넓어야 하고, 언론사는 스스로 반박할 수 있는 매체를 가지고 있어서 이를 통하여 잘못된 정보로 인한 왜곡된 여론의 형성을 막을 수 있으며, 일방 언론사의 인격권의 보장은 다른 한편 타방 언론사의 언론자유를 제약하는 결과가 된다는 점을 감안하면, 언론사에 대한 감시와 비판 기능은 그것이 악의적이거나 현저히 상당성을 잃은 공격이 아닌 한 쉽게 제한되어서는 안된다고 할 것이다(대법원 2006.3.23. 선고 2003다52142 판결 참조).

이상과 같은 판례를 보건대, 언론 활동과 개인의 이익이 충돌하는 경우에는 다음과 같은 원칙이 적용되는 것으로 요약할 수 있다.

먼저, 그 언론보도가 공직자 또는 공직 사회에 대한 감시·비판·견제라는 정당한 언론활동의 범위를 벗어나 악의적이거나 심히 경솔한 공격으로서 현저히 상당성을 잃은 것으로 평가되는 경우에는 언론의 자유에 해당하지 않는다.

반면에 방송 등 언론매체가 사실을 적시하여 타인의 명예를 훼손하는 행위를 한 경우라 하더라도 그것이 공공의 이해에 관한 사항으로서 그 목적이 오로지 공공의 이익을 위한 것일 때에는 진실한 사실이거나 행위자가 그것을 진실이라고 믿을 상당한 이유가 있는 경우에는 위법성이 없으므로 개인의 이익을 주장할 수 없다.

결국 언론의 감시와 비판 기능은 그것이 악의적이거나 현저히 상당성을 잃은 공격이 아닌 한 쉽게 제한되어서는 안 되는 것으로서, 언론의 자유는 민주사회 발전을 위하여 매우 중요하면서도 필수적인 덕목이 아닐 수 없다.

2) 저널리즘과 저작권의 상보성

민주주의 발전을 위하여 언론의 자유, 곧 저널리즘 활동이 적극 촉진되고 보장되어야 하는 것처럼, 우리 정신세계를 풍요롭게 가꾸어 주는 문화의 향상 발전을 위하여 반드시 필요한 덕목이 바로 '저작권'을 보호하는 일이라고 할 수 있다. 만일 언론의 자유는 구가하되 저작권은 보호되지 않는다면 그로 인한 혼란과 문화적 폐해는 이루 말로 할 수 없을 것인바, 정상적인 저널리즘 활동 자체가 불가능할지도 모를 일이다. 곧 창의적인 취재 활동과 기사 작성이 어려워질 뿐만 아니라 저작권 보호의 테두리를 벗어난 무한하고도 상습적인 무단복제 행위에 휘말려 특종을 둘러싼 잡음도 걷잡을 수 없을 만큼 커질 것이기 때문이다. 특히 저작권 보호가 이루어지지 않을 경우 저널리즘 활동을 둘러싼 윤리와 도덕, 그리고 법의 개념이 불분명해지고, 그 경계 또한 모호해진다는 점에서 큰 혼란이 예상된다.

널리 알려진 바와 같이 '윤리(倫理)'란 "문화를 지배하는 전통 또는 지침"을 뜻한다. 이는 곧 문화를 지배하는 것이 법률이나 관습 등에 의한 지시 또는 명령이 아니라 전통 또는 사람들의 행동준칙이 되는 지침(규율)이라는 사실을 의미한다. 결국 "윤리는 일반적으로 법률이나 관습과는 달리 개인 스스로가 자율적으로 결정하는 사회적 행동규범 또는 규율을 말한다"[122]라고 정리할 수 있다.

'도덕(道德)'은 가치체계에 따라 사람들이 구체적으로 행동하는 방식이나 태도를 가리킨다.[123] 따라서 도덕은 사회적으로 인정된 습속(習俗)이나 윤리의 실행 또는 응용을 의미한다. 따라서 개별 행위가 옳으냐 그르냐 하는 문제는 도덕의 영역이고, 그러한 행위가 왜 옳고 그르냐 하는 문제는 윤리의 영역에 속한다. 그리하여 "일반적으로 사회적 행동의 규범 또는 규율의 윤리는 도덕적 법칙에 맞도록 행동하는 것이기 때문에 도덕적 가치의 이론에 바탕을 두고 있다. 도덕적 가치이론의 궁극적인 목적은 특수한 상황에서 행동의 판단이나 행동을 위한 지침을 얻는 데 있다"[124]는 말이 성립하게 된다.

'법(法)'은 외면성, 타율성, 강제성을 띤 사회규범이다. 법은 인간의 외면적 행위를 규율하는 데 반하여, 도덕은 인간의 내면적 이상을 규율한다. 법은 바깥으로 드러나는 행위만 규제의 대상으로 하고 있으나, 도덕 또는 윤리는 내면적인 문제까지도 대상으로 삼는다는 뜻이다. 또한 법은 타율성을 가지는 데 비하

---

122) 한병구(1996), 『언론과 윤리법제』(서울: 서울대학교출판부), p. 58.

123) 이광재·이경자·한균태 외, 『현대사회와 언론』(서울: 커뮤니케이션북스), p. 498.

124) 한병구(1996), 위의 책, pp. 58~59.

여 도덕은 자율성을 가진다. 나아가 법은 그 실현이 국가의 강제력에 의하여 보장되는 데 반하여, 도덕은 그러한 강제력이 수반되지 않는다.[125]

저작권은 바로 이 같은 윤리적·도덕적·법적 측면을 고루 갖추고 있는 덕목이다. 곧 법적 강제력으로만 저작권 보호를 달성할 수 없으며, 권리자 및 이용자 모두에게 저작권에 대한 윤리적이고 도덕적인 이해와 더불어 실천이 뒤따라야만 가능한 것이기 때문이다. 따라서 저널리즘 활동과 저작권 보호의 관계는 결국 상보적(相補的)인 것인 동시에 불가분의 밀접성을 띤 존재라고 이해할 수 있겠다. 곧 저널리즘과 저작권은 아름다운 만남의 주체가 되어야 하며, 그 결과로써 저작권은 저널리즘 활동의 든든한 후원 기능을 담당하고, 저널리즘은 저작권 보호와 공정이용을 촉진하는 홍보 기능을 맡아 서로를 드높이는 관계로 나아가는 것이 가장 이상적인 관계가 아닐까 생각한다.

125) 이광재·이경자·한균태 외, 앞의 책, pp. 498~499 참조.

2. 결론 : 아름다운 미래를 위하여

굳이 매클루언의 주장을 되새기지 않더라도 구어(口語)시대에서 문자(文字) 시대로, 필사(筆寫)매체에서 인쇄(印刷)매체로, 그리고 전자매체 곧 디지털 미디어로 발달되어 온 과정은 커뮤니케이션 그 자체의 확장이라기보다는 커뮤니케이션 '전달도구'의 확장이라고 볼 수 있다. 정보제공자가 수신자에게 메시지를 전달하는 기술 자체로서 이러한 매체들을 이해할 필요가 있다. 예컨대, 인터넷이 가지고 있는 시·공간적 확장이란 곧 기술적 측면의 확장이지 의사소통 즉, 커뮤니케이션의 확장과는 별개의 차원에서 논의될 필요가 있는 것이다.[126]

인쇄매체의 전자화에 따른 변화를 보는 여러 학자들의 시각을 살펴보면 일단 인쇄매체의 미래는 그리 밝지 않은 것처럼 보인다. 먼저, 미국 미래연구원(Institute for the Future)의 연구원인 사포(Paul Saffo)는 다음과 같이 종래의 인쇄된 정보와 첨단 전자정보 사이에 새로운 시너지 효과가 있다고 예견하고 있다.

종이는 사라지지 않을 것이지만 종이 형태가 아닌 미디어는 앞으로 우리의 시간을 더 많이 빼앗을 것이다. 우리는 궁극적으로 말(馬)이 필요 없어졌듯이 종이가 필요 없는 시대를 맞이할 것이다. 말은 여전히 우리 주위에 맴돌고 있지만, 말은 단지 취미를 즐기는 사람들이 타는 승마용이지 출퇴근하는 사람이 타는 것이 아니다. 〈중략〉 이제 정보를 전자 형태로 저장하는 것이 보다 저렴해졌다. 종이는 점차적으로 전자 형태로 축적된 정보를 잠깐 보는 일회용이나 임시

---

126) 최낙진(1999), 「한국 인터넷 신문의 종합정보기업화에 관한 연구―시장행위전략모델을 중심으로」, 중앙대학교 대학원 신문학과 박사학위 논문, p. 32.

적인 매체와 같은 중간 역할을 하게 되었다. 우리가 전자정보를 읽고자 하는 준비가 되었을 때, 종이의 사용이 감소되는 미래사회에 진입하게 될 것이다. 그리고 종이는 신속하게 재활용될 것이다.[127]

또 바야흐로 실용 단계에 접어든 인쇄의 전자화에 대해 언론학자 스미스 (Anthony Smith)는 이와 같은 변화를 인류 초기의 두 가지 커뮤니케이션 혁명의 변화과정과 비교하고 있다. 즉, 하나는 필사기술의 발명에 의한 변화였고, 다른 하나는 구텐베르크의 인쇄혁명으로 인한 변화라는 것이다.

인쇄의 전산화는 정보의 사회적 통제와 개인들의 창조적인 생각을 가능하게 하고 또한 인간의 기억력과 맞물려 정보의 상호작용을 가능하게 함으로써 앞서 언급한 다른 커뮤니케이션 혁명과 동일한 규모와 중요성을 가진 세 번째 커뮤니케이션 혁명이다.[128]

아울러 다음에서 보는 것처럼 이제 디지털 미디어의 발달은 커뮤니케이션 패러다임에도 큰 변화를 가져오고 있다.

이처럼 인쇄 미디어와 디지털 미디어는 여러 가지 면에서 사뭇 다른 특성을 보인다. 특히 과거에 '독자(讀者)'로 지칭되던 수용자층이 '이용자'라는 개념으로 확대됨으로써 일방적인 커뮤니케이션 양상에서 쌍방향성을 띠게 되었다는 점은 기존 미디어와 뉴미디어의 극명한 차이를 드러낸 부분이 아닐 수 없다. 그럼에도 기존의 아날로그 미디어가 차지하고 있던 그 자리를 모두 미래에는 디지털 미디어가 대신하게 될 것이라고 단정적으로 예측할 수는 없다. 오히려 이들의 병존 가능성 내지는 상호협력 모델을 개발하는 것이 연구자들이 수행해야

---

127) Paul Saffo(1992), The Electronic Future Is Upon Us, 《New York Times》(7 June 1992), pp. F~13.
128) Anthony Smith(1980), Goodbye Gutenberg(NY: Oxford University Press), p. 41.

<표 3> 인쇄 미디어와 디지털 미디어의 커뮤니케이션 패러다임 비교

구분		인쇄 미디어	디지털 미디어
매체의 성격		매체 분화의 정점	매체 융합의 정점
적용되는 산업		규모의 경제 실현	규모의 경제와 범위의 경제 동시 실현
생산조직 유형		피라미드 조직	P자형 조직
유통 채널		매체사 ⇒ 자국(서점) ⇒ 소비자	매체사 ⇒ 소비자
독자 분류		구독자(subscriber) 및 정보소비자	이용자(user) 및 네티즌(netizen)
상품 특성		배타적 상품 (1회 소비 후 상품가치 하락)	비배타적 상품(무한적 재생이용 후에도 상품가치 보존)
시장의 범위	공간	closed "clubs"	global market
	시간	유통기한 내 한정시간	무한시간
언어 시장		각국 중심의 자국어	자국어 / 영어
규제 모델		국가·시장·시민사회 3원 모델	시장·시민사회 2원 모델

* 출처: 최낙진(1999), 앞의 논문, p. 87에서 부분 수정함.

할 임무일 것이다.

앞서 인쇄 미디어의 역사적 배경과 특성에 대하여 살펴본 바와 같이 오늘날 정보의 상품화에 있어 당연한 권리처럼 여겨지는 '저작권'이란 개념은 사실상 자본주의 이념의 생성과 밀접한 관련이 있다. 공동체 생활과 자급자족의 미덕이 사라진 경제적 무한경쟁의 시대를 예고하며 탄생한 개념이기 때문이다. 그리고 그 배경에는 대량복제 시대를 연 인쇄술의 발명을 통한 아날로그 혁명이 자리 잡고 있다. 곧, 중세 이후 인쇄술에 의한 복제물의 대량배포가 가능해지면서 저작권이란 권리 개념이 형성되었으며, 저작권 사상이 싹튼 계기로 구텐베르크(Johannes Gutenberg)의 인쇄술 발명을 떠올리는 것은 당연한 일이다.[129]

따라서 오늘날 저작권법 제정의 목적을 "저작자의 권리와 이에 인접하는 권리를 보호하고 저작물의 공정한 이용을 도모함으로써 문화 및 관련 산업의 향상발전에 이바지함"이라고 선언하고 있는 배경에도 당연히 자본주의 이념이 도사리고 있다. 다만, 경제적 측면 이전에 사람이 사람답게 살아가는 데 있어 반드시 필요한 덕목으로서 '정신문화'를 떠올린다면, 그리하여 문화로서의 저작물을 창작하려는 사람들에게 안전한 환경을 만들어 주어야 한다면, 저작권은 반드시 보호되어야만 하는 그 무엇이라는 데 공감하지 않을 수 없다.

결국 저작자를 포함한 권리자나 이용자, 그리고 관련 산업 종사자들에게는 저작권에 관한 이해와 함께 법규에 관한 지식, 그리고 그것을 현실적으로 응용할 수 있는 능력이 요구된다고 할 수 있으며, 경우에 따라서는 추상적이고 애매한 규범들을 급변하는 현실 속에 응용하려는 노력이 절대적으로 필요하다. 따라서 실무자들을 상대로 지속적인 홍보와 실무사례 중심의 교육이 이루어져야 할 것이다. 나아가 유치원이나 초등학교, 그리고 가정에서부터 저작권 교육이 점진적으로 이루어져 저작권 보호의식이 생활 속에 자리 잡을 때 좀 더 밝은 문화의 세기를 열어갈 수 있지 않을까 생각한다.

저널리즘 활동 또한 이 같은 저작권 보호의 취지에서 벗어날 수는 없을 것이다. 아울러 오랜 기간 동안 연구되어 온 커뮤니케이션 효과이론을 비롯한 수많은 연구성과에도 불구하고 '저널리즘'과 '저작권'에 관한 총체적인 연구 내지 현황조사가 제대로 이루어지지 않았다는 점에서 관련 연구자들의 분발을 촉구하지 않을 수 없다. 나아가 무조건적인 저작권 보호가 아닌 진정한 의미에서의 저작물 창출과 저작권 관리를 통하여 공정이용의 범위 또한 넓혀 나가려는 노력이 필요하다. 교육과 계몽이 중요하다는 점에서 저작권 제도의 확립을 위

---

129) 김기태(2005), 『디지털 미디어 시대의 저작권』(서울: 이채), pp. 38~39.

한 저널리즘 활동을 기대하며, 또 다른 저작자 내지 이용자로서의 저널리스트들로부터 저작권 제도에 관한 근본적인 성찰과 연구가 이루어지기를 바란다.

참고문헌 및 자료

1. 국내 문헌

김기중(2010), 「스트레이트 기사의 저작권 보호대상 해당 여부」, 《저작권문화》(서울: 한국저작권 위원회) 2010년 7월호(통권 191호).

김기태(2000), 「뉴 미디어의 기술진전과 저작권 보호에 관한 연구」, 경희대학교 대학원 박사학 위 논문.

김기태(2005), 『디지털 미디어 시대의 저작권』(서울: 이채).

김기태(2007), 『신저작권법의 해석과 적용』(파주: 세계사).

김기태(2010), 『글쓰기에서의 표절과 저작권』(서울: 지식의날개).

나낙균 편저(2010), 『방송영상저작권』(김해: 인제대학교 출판부).

문화관광부·저작권심의조정위원회(2007), 『개정 저작권법 해설』(서울: 문화관광부).

박영길(2003), 「저작권에 있어서의 아이디어 보호」, 《계간 저작권》 2003년 봄호(제61호).

박준우(2008), 「보도기사(straight news)의 저작물성」, 《저작권문화》(서울: 한국저작권위원회) 2008년 1월호(통권 161호).

박형상(2009), 「블로그에 무단 게재된 저작물, 포털업체에 방조책임 없다」, 《저작권문화》(서울: 한국저작권위원회) 2009년 2월호(통권 174호).

서달주(2004), 「단순링크에 의한 뉴스기사 이용과 부당이득반환」, 저작권심의조정위원회, 《저 작권문화》 2004년 12월호(제124호).

손수호(2006), 「디지털 환경에서의 저작권 공유인식에 관한 연구」, 경희대학교 대학원 박사학위 논문.

신창환(2008), 「저작권으로 보호되기 위한 창작성의 정도 및 아이디어와 표현의 구별」, 《저작권 문화》(서울: 한국저작권위원회) 2008년 4월호(통권 164호).

안혁(2008), 「오락성 방송 프로그램에서의 영상물 인용과 저작권 침해 여부」, 《저작권문화》(서 울: 한국저작권위원회) 2008년 10월호(통권 170호).

오경호 편저(1989), 『印刷커뮤니케이션入門』(서울: 범우사).

오승종(2008), 『저작권법』(서울: 박영사).

오승종·이해완(1999), 『저작권법』(서울: 박영사).

이광재·이경자·한균태 외(2006), 『현대사회와 언론』(서울: 커뮤니케이션북스).

이종국(1995), 「출판본질론」, 범우사기획실 편, 『출판학원론』(서울: 범우사).

이종국(1995), 「한국의 교과서 출판과 교과서 출판정책(The Textbook Publishing and the Textbook Policy of Korea)」, 제7회 국제출판학술회의 주제발표 논문, 필리핀: 마닐라.

이종수(1993), 「출판문화의 생성과 변천」, 이종수·임동욱 외, 『현대사회와 출판』(서울: 도서출판 말길).

저작권심의조정위원회(1988), 『저작권용어해설』(서울: 저작권심의조정위원회).

저작권심의조정위원회(2006), 『실무자를 위한 저작권법』(서울: 저작권심의조정위원회).

정성원(2008), 「오락성 방송 프로그램에서의 영상물 인용과 저작권 침해 여부」, 《저작권문화》
　　　(서울: 한국저작권위원회) 2008년 3월호(통권 163호).

정진근(2010), 「책 디자인, 저작권 보호대상이 아니다」, 《저작권문화》(서울: 한국저작권위원회)
　　　2010년 3월호(통권 187호).

천혜봉(1993), 『한국서지학』(서울: 민음사).

최경수(1995), 『멀티미디어와 저작권』(서울: 저작권심의조정위원회).

최경진(2008), 「뉴스(News)와 저작권」, 《성균관법학》(서울: 성균관대학교) 제20권 3호.

최낙진(1999), 「한국 인터넷신문의 종합정보기업화에 관한 연구─시장행위전략모델을 중심으
　　　로」, 중앙대학교 대학원 신문학과 박사학위 논문.

한병구(1996), 『언론과 윤리법제』(서울: 서울대학교출판부).

한승헌(1998), 『저작권의 법제와 실무』(서울: 삼민사).

한지영(2007), 「뉴스에 대한 권리 귀속에 관한 소고」, 《창작과 권리》(서울: 세창출판사) 통권 48
　　　호(2007년 가을호).

2. 국외 문헌

피터 드러커, 이재규 역(1993), 『자본주의 이후의 사회』(서울: 한국경제신문사).

Anthony Smith(1980), *Goodbye Gutenberg*, NY: Oxford University Press.

Elizabeth L. Eisenstein(1983), *THE PRINTING REVOLUTION IN EARLY MODERN EUROPE*,
　　　NY: Cambridge University Press.

Herbert Marshall McLuhan(1994), *Understanding Media─The Extensions of Man*, Cambridge:
　　　The MIT Press.

Hebrt S. Bailey(1970), *The Art and Science of Book Publishing*, Austin: University of Texas
　　　Press.

Paul Saffo(1992), *The Electronic Future Is Upon Us*, 《New York Times》(7 June 1992).

3. 디지털 자료

김성동의원 홈페이지(http://www.kimsungdong.com)

네이버백과사전(http://100.naver.com)

두피디아 두산백과(http://www.doopedia.co.kr)

법률신문 홈페이지(http://www.lawtimes.co.kr)

위키백과(http://ko.wikipedia.org)

한국언론진홍재단 홈페이지(http://www.kpf.or.kr)
법고을 LX DVD 2010(법원도서관)

4. 판례

대법원 1998.7.10. 선고 97다34839 판결
대법원 2000.10.24. 선고 99다10913 판결
대법원 2006.2.9. 선고 2005도7793 판결
대법원 2006.5.12. 선고 2004다35199 판결
대법원 2006.9.14. 선고 2004도5350 판결
대법원 2007.1.15.선고 2005다11626 판결
대법원 2007.9.6. 선고 2007다2268 판결
대법원 2007.12.13. 선고 2005다35707 판결
대법원 2008.2.1. 선고 2005다8262 판결
대법원 2009.5.28. 선고 2007다354 판결
대구지방법원 2004.7.30. 선고 2004노1396 판결
대구지방법원 2006.12.28. 선고 2006노2877 판결
서울고등법원 2006.11.29. 선고 2006나2355 판결
서울고등법원 2008.11.19. 선고 2008나35779 판결
서울남부지방법원 2008.6.5.선고 2007가합18479 판결
서울서부지방법원 2007.11.29 선고 2007나334 판결
서울중앙법원 2008.1.24. 선고 2007고단4165 판결
서울중앙지방법원 제4형사부 2005.12.13. 선고 2005노3375 판결
서울중앙지방법원 2010.1.13. 선고 2009카합3104 결정
서울지방법원 2001.12.7. 선고 2000가합54067 판결

찾아보기